人工智能
在数字经济中的应用研究

刘潇潇 刘亚威 著

中国商业出版社

图书在版编目(CIP)数据

人工智能在数字经济中的应用研究 / 刘潇潇，刘亚威著. -- 北京 ：中国商业出版社，2024. 8. -- ISBN 978-7-5208-3090-4

Ⅰ. F49-39

中国国家版本馆 CIP 数据核字第 2024YQ6844 号

责任编辑:朱丽丽

中国商业出版社出版发行

（www.zgsycb.com　100053　北京广安门内报国寺 1 号）

总编室:010－63180647　编辑室:010－63033100

发行部:010－83120835/8286

新华书店经销

北京虎彩文化传播有限公司印刷

*

787 毫米×1092 毫米　16 开　8.25 印张　148 千字

2024 年 8 月第 1 版　2024 年 8 月第 1 次印刷

定价:45.00 元

*　*　*　*

（如有印装质量问题可更换）

前言

随着信息技术的飞速发展和互联网的普及，数字经济已经成为全球经济增长的重要引擎。在数字经济的大背景下，人工智能（AI）技术以其独特的优势，日益成为推动数字经济发展的关键力量。人工智能与数字经济的深度融合，不仅为传统产业的转型升级提供了强大动力，还为新兴产业的快速发展注入了新的活力。

本书以数字经济的特征与影响为切入点，论述了人工智能在数字经济数据处理与分析中的应用、人工智能在数字经济安全中的应用、人工智能在数字经济智能生产与服务中的应用，并对人工智能在数字经济商业模式创新中的应用进行了深入探讨。希望通过本书的介绍，能够为读者在人工智能在数字经济中的应用方面提供帮助。

在写作过程中，笔者参阅了相关文献资料，在此，谨向其作者深表谢忱。

由于水平有限，疏漏和缺点在所难免，希望得到广大读者的批评指正，并衷心希望同行不吝赐教。

刘潇潇　刘亚威

2024 年 6 月

目　录

第一章　数字经济的特征与影响 …… 1
第一节　数字经济的基本特征 …… 1
第二节　数字经济对传统产业的影响 …… 8
第三节　数字经济对社会结构的影响 …… 17
第二章　人工智能在数字经济数据处理与分析中的应用 …… 24
第一节　基于人工智能的数字经济数据处理技术 …… 24
第二节　基于人工智能的数字经济数据分析方法 …… 33
第三节　人工智能在数字经济创新发展中的应用 …… 42
第三章　人工智能在数字经济安全中的应用 …… 50
第一节　人工智能在数字经济网络安全中的应用 …… 50
第二节　人工智能在数字经济数据隐私保护中的应用 …… 57
第三节　人工智能在数字经济金融安全中的应用 …… 65
第四章　人工智能在数字经济智能生产与服务中的应用 …… 74
第一节　人工智能在数字经济智能制造中的应用 …… 74
第二节　人工智能在数字经济智能物流中的应用 …… 80
第三节　人工智能在数字经济智能服务中的应用 …… 88
第五章　人工智能在数字经济商业模式创新中的应用 …… 96
第一节　人工智能驱动的数字经济商业模式创新 …… 96
第二节　人工智能在电子商务中的应用 …… 106
第三节　人工智能在数字共享经济中的应用 …… 115
参考文献 …… 123

第一章　数字经济的特征与影响

第一节　数字经济的基本特征

一、数字经济的定义与内涵

（一）数字经济的概念界定

数字经济以信息技术为驱动力，通过数字化手段重塑生产、分配、交换和消费等经济活动，催生出一系列新产业、新业态和新模式。

数字经济不仅改变了传统经济的运行方式，更催生了一批新兴产业。电子商务、共享经济、在线教育、远程医疗等新业态不断涌现，移动支付、网络直播、短视频等新模式层出不穷。这些新产业和新业态打破了时空限制，重塑了产业链和价值链，创造了海量就业机会。同时，数字技术与制造业的深度融合，促进了生产方式的智能化升级。大数据分析、人工智能等技术被广泛应用于产品设计、生产制造、质量管控等环节，推动制造业向智能制造、个性化定制转型。

从发展历程来看，数字经济经历了从萌芽到快速发展再到深度融合的阶段。早期，信息技术主要应用于信息传输和数据处理，对经济发展的影响较为有限。随着互联网时代的到来，数字经济进入加速发展期。电商平台、搜索引擎、社交网络等互联网产业异军突起，成为推动经济增长的新动力。近年来，数字经济已经从独立发展进入与实体经济深度融合的新阶段。工业互联网、智慧城市、数字政府等新基建加速布局，数字技术与各行业加速融合，逐步优化资源配置，重塑产业生态，创新发展模式。

纵观数字经济的发展历程，我们可以发现其呈现出几个显著特点。一是发展速度之快。数字经济以指数级的速度增长，远超传统经济增速，成为拉动经济增长的重要引擎。二是渗透力之强。数字技术以前所未有的广度和深度融入各行各业，重构生产流程，优化资源配置，成为产业转型升级的关键支撑。三是引领性之显著。移动互联网、物联网、人工智能等数字技术正在引领新一轮科技革命和产业变革，催生大量颠覆性创新，重塑经济发展格局。四是包容性之高。数字经济打破了时空限制，促进信息共享，推动城乡区域协调发展，为中小微企业和个人创业提供了广阔的舞台。

（二）数字经济的内涵解析

从业态来看，数字经济具有虚实融合、跨界融合的特点。一方面，数字经济打破了传统的行业界限，促进了不同行业之间的交叉融合，催生出众多新业态、新模式。电子商务、移动支付、共享经济等新兴业态不断涌现，重塑了传统产业的价值链和生态体系。另一方面，数字经济推动实体经济与虚拟经济的深度融合，实现了线上线下的协同发展。大数据、云计算、人工智能等数字技术与制造业、农业、服务业等传统产业加速融合，形成了智能制造、智慧农业、智慧物流等新业态，提升了实体经济的智能化、网络化水平。

从发展特性来看，数字经济呈现出开放共享、创新驱动的特点。数字经济以开放、共享为基本特征，打破了信息壁垒和数据孤岛，促进了数据资源的开放流通和价值释放。在数字平台的支撑下，社会各界能够广泛参与到生产、分配、交换、消费等经济活动中，推动了供给和需求的精准对接，提高了资源配置效率。同时，数字经济还以创新为根本动力，不断催生新技术、新产品、新业态、新模式。大数据分析、人工智能等新兴技术的应用，加速了数据资源向现实生产力的转化，极大激发了全社会的创新活力和创造潜能。

从发展动能来看，数字经济表现出了高质量发展的特点。数字经济通过优化资源配置、提高全要素生产率，成为经济高质量发展的重要引擎。大数据技术帮助企业更精准地把握市场需求，优化产品和服务；人工智能、物联网等技术应用提高了生产效率和产品质量；数字化管理提升了企业的运营效率和决策水平。数字经济推动形成了数据驱动、平台支撑、创新引领的发展新动能，为实现更高质量、更高效率、更加公平、更可持续的发展注入了强大动力。

此外，数字经济还呈现出了融入全球、引领未来的特点。数字技术具有强大的渗透力和辐射力，加速了各国经济的数字化转型和融合发展。数字贸易、数字金融等新业态快速发展，促进了全球资源的自由流动和优化配置。中国积极参与全球数字经济治理，加快数字领域国际合作，努力构建开放、包容、普惠、共享的全球数字经济格局。展望未来，数字经济必将成为引领新一轮科技革命和产业变革的重要力量，深刻改变生产生活方式，塑造经济社会发展新形态。

二、数字经济的技术基础

(一)网络技术

互联网的普及奠定了数字经济发展的基础。互联网打破了时空限制,使得信息的传播和交互变得快捷便利。人们可以通过互联网进行即时通信、信息检索、在线交易等活动,极大地提高了社会运行效率。互联网还催生了众多新业态,如电子商务、在线教育、网络游戏等,成为数字经济的重要组成部分。据统计,2022年全球互联网用户数量已超过50亿,互联网经济规模超过17万亿美元。可以说,没有互联网就没有数字经济的蓬勃发展。

物联网技术的兴起为数字经济注入了新的活力。物联网通过射频识别(RFID)、传感器等技术,实现了人、机、物的全面互联。这种万物互联的场景极大地拓展了数据采集的广度和深度,为大数据分析提供了海量的原始数据。同时,物联网还促进了人工智能、云计算等技术与实体经济的深度融合,催生了智慧城市、智能制造、智慧农业等新业态,推动传统产业数字化、网络化、智能化转型升级。预计到2030年,全球物联网市场规模将突破1.5万亿美元,成为数字经济发展的新引擎。

网络技术的创新发展为数字经济提供了坚实支撑。一方面,网络带宽的不断提升满足了数字经济发展对高速率、大容量数据传输的需求。5G、F5G等新一代通信技术的商用部署,使得移动互联网、工业互联网、车联网等领域的应用场景日益丰富。另一方面,网络架构的演进完善保障了数字经济的安全可靠运行。软件定义网络(SDN)、网络功能虚拟化(NFV)等新兴网络技术,提高了网络的灵活性、可扩展性和智能化水平,增强了网络应对安全威胁、流量暴发等挑战的能力。此外,卫星互联网、量子通信等前沿网络技术的研发应用,有望进一步拓展数字经济的发展空间。

网络技术与数字经济的发展相辅相成、互促共进。一方面,数字经济的繁荣壮大离不开网络技术的支撑和赋能。没有高速泛在、智能灵活的网络基础设施,数字经济就难以实现跨越式发展。另一方面,数字经济的蓬勃发展也倒逼网络技术不断创新突破。数字经济应用场景的日益丰富,对网络实时性、可靠性、安全性提出了更高要求,推动网络技术加速向智能化、服务化方向演进。可以预见,未来网络技术与数字经济必将继续保持同频共振、融合发展,不断开创数字文明的新局面。

(二)人工智能及大数据技术

人工智能通过机器学习、深度学习等技术,赋予机器感知、理解、决策和执行的能力,使其能够在复杂环境中自主操作、适应和优化。海量数据则为人工智能的训练和应用提供了丰富的素材和场景。二者相互促进、协同发展,正在加速数字经济的智能化进程。

在数字经济时代,数据已经成为最重要的生产要素之一。海量的用户行为数据、设备感知数据、业务交易数据等,蕴含着巨大的商业价值和社会价值。这些数据如果得不到有效开发利用,就如同沙漠中的石油,潜力难以释放。大数据技术为我们提供了一把打开数据宝藏的钥匙。通过大数据的采集、存储、计算和分析,我们能够从数据中提炼出有价值的信息和规律,用于指导业务决策、优化运营管理、创新产品服务等。大数据已经成为驱动企业发展的新引擎,推动传统行业数字化转型的新途径。

人工智能技术则进一步释放了数据价值,使数据智能化应用成为可能。机器学习算法能够从海量数据中自主学习,建立起复杂的数学模型,实现对未知数据的预测和决策。深度学习算法模拟人脑神经网络,具备了类似人类的感知和认知能力,在图像识别、语音识别、自然语言处理等领域取得了突破性进展。这使得人工智能在金融、医疗、教育、交通等众多行业得到广泛应用,创造出巨大的经济效益和社会效益。

以智能金融为例,人工智能和大数据技术的结合,正在重塑传统金融业务模式。通过对海量用户数据和交易数据的挖掘分析,金融机构能够更精准地评估用户信用风险,提供个性化的金融产品推荐。智能投顾系统利用机器学习算法,能够根据投资者的风险偏好和投资目标,提供量身定制的资产配置方案。区块链技术引入了智能合约,在确保交易安全可靠的同时,实现了金融交易的自动化和智能化。这些智能化应用大大提升了金融服务的效率和质量,推动金融业向数字化、智能化方向发展。

在医疗健康领域,人工智能和大数据技术的应用前景同样广阔。通过对海量医疗数据、基因数据的深度学习,人工智能能够辅助医生进行疾病的早期筛查和诊断,提高诊疗的精准性。智能医疗系统还能够为患者提供个性化的健康管理方案,实现疾病的预防和远程监控。此外,人工智能在新药研发、医学影像分析、医疗机器人等方面也显示出巨大的应用潜力,有望突破医疗资源短缺的瓶颈,促进医疗服务的普惠化发展。

三、数字经济的产业结构

（一）数字经济产业的分类与特点

1. 数字技术产业

数字技术产业处于价值链上游，主要包括软硬件制造、信息传输、电信运营等行业，为数字经济提供关键技术、设备和网络基础设施支撑。例如，集成电路、云计算、大数据、人工智能等前沿技术的研发和产业化，为数字经济发展提供了强大动力。

2. 数字服务产业

数字服务产业位于价值链中游，主要包括各类互联网平台、软件和信息技术服务等。这些产业依托数字技术，为用户提供信息查询、社交娱乐、电子商务、在线教育等多样化的数字服务，极大地丰富了人们的工作和生活方式。典型代表如搜索引擎、社交网络、电商平台、共享经济等，它们通过数字化手段连接供需两端，重塑了行业价值链和商业模式。

3. 数字化传统产业

处于价值链下游的数字化传统产业，则是运用数字技术对传统产业进行改造升级，实现智能化、网络化、服务化转型。工业领域，数字化转型催生了智能制造、网络协同制造等新模式；农业领域，数字农业、智慧农业方兴未艾；服务业领域，零售、物流、金融、医疗等行业纷纷借力数字技术实现转型升级。通过与数字技术的深度融合，传统产业正在焕发新的生机与活力。

（二）数字经济产业结构的演变

数字技术与传统产业的深度融合，推动了传统产业的数字化、网络化、智能化转型。传统的农业、工业、服务业等领域纷纷应用大数据、人工智能、云计算等技术，实现生产过程的数字化监测和控制，供应链的网络化协同，以及产品和服务的智能化提升。这一转型升级过程不仅提高了传统产业的效率和质量，也催生出智慧农业、智能制造、在线教育等一批新的细分行业和业务形态。

数字技术的发展也孕育出前所未有的产业业态和经济模式。移动互联网、电子商务、共享经济等新业态如雨后春笋般涌现，重塑了人们的生产生活方式。数字平台经济更是成为数字经济发展的新引擎，依托海量数据和先进算法，平台经济通过信息撮合、资源配置等方式，极大地提升了经济运行效率，创造了巨大的社会价值。以共享出行为例，滴滴、Uber 等平台利用大数据实现供需精准匹配，盘活了海量闲置车辆资源，满足了人们的个性化出行需求。

在数字经济时代，产业边界日益模糊，跨界融合成为常态。一些互联网巨头凭借自身的数据、技术、平台等优势，开始从单一领域向多元业务拓展，形成产业生态圈。以阿里巴巴为例，其业务已经从电商延伸至金融、物流、娱乐等领域。这种生态化发展模式打破了传统的产业分类，加速了资源在不同行业间的自由流动和优化配置，成为驱动经济发展的新动能。

四、数字经济的市场特征

(一)市场参与者多元化

1.平台企业

数字平台企业是数字经济时代最具代表性的市场参与者之一。它们利用数字技术搭建起连接供需双方的桥梁，为交易提供便捷高效的渠道。以电商平台为例，它集结了海量的商家和消费者，通过大数据分析、个性化推荐等手段，实现供需的精准匹配。这一模式不仅极大提升了交易效率，也催生出许多新的商业机会。平台企业在吸引用户、撮合交易的同时，还积极塑造平台生态，为中小企业、个体创业者提供了展示自我、实现价值的舞台。

2.数字创业者

数字创业者是伴随“互联网＋”浪潮崛起的新型经济主体。他们依托数字技术和网络平台，以创新的思维和模式开展经营活动。与传统创业相比，数字创业的门槛更低、成本更少、风险更小，因而吸引了大量拥有创意和激情的年轻人投身其中。这些数字原住民敏锐地捕捉市场需求，瞄准细分领域，推出个性化、差异化的产品与服务。他们灵活多变的经营策略和“轻资产”的运作方式，为数字经济注入了蓬勃的活力。

3. 网络社群

网络社群是数字时代崛起的重要市场力量。基于社交媒体和即时通信工具，数以亿计的网民聚集在一起，形成了不同主题、不同规模的虚拟社区。这些网络社群不仅是信息交流、情感互动的载体，也在很大程度上影响着用户的消费行为和价值取向。许多企业敏锐地意识到社群的巨大商业价值，纷纷运用社群营销的方法，借助意见领袖、网红达人等“种草”产品，引导消费趋势。一些网络社群甚至直接向商业化转型，以独特的文化属性和群体认同感吸引消费者，成为“社群经济”的引领者。

除了上述几类主体，数字经济时代还涌现出众多其他类型的市场参与者，如数字内容创作者、自媒体人、网络直播达人等。他们以个人的才华和影响力参与到经济活动中，打破了传统市场的边界，拓展了就业和创业的新空间。

（二）市场运营机制数字化

数字技术极大地提升了市场信息的透明度和对称性。通过互联网平台，消费者可以便捷地获取商品的价格、质量、口碑等信息，而商家也能够实时洞察消费者的偏好和需求变化。这种信息的充分共享有效缓解了传统市场中的信息不对称问题，降低了交易成本，促进了市场效率的提升。

数字技术还创新了市场交易的方式和渠道。电子商务平台的崛起颠覆了传统的线下零售模式，使得商品和服务可以突破时空限制，实现全天候、全球化的流通。与此同时，移动支付、网上银行等数字金融工具也为交易提供了便捷、安全的支付通道，进一步拓宽了市场交易的边界。

数字技术驱动下的市场运作模式变革还体现在资源配置方式的优化上。大数据分析技术可以帮助企业精准把握市场需求，优化产品设计和生产流程，实现供需匹配和动态平衡。而云计算、物联网等技术则促进了企业内部和产业链上下游的协同，提升了资源利用效率。此外，共享经济模式的兴起也得益于数字技术的支持。通过构建线上平台，闲置资源可以在更大范围内实现共享和优化配置，降低了资源浪费，创造了新的价值。数字技术还为中小企业和创业者提供了更加公平的市场竞争环境。借助电商平台、社交媒体等数字化工具，中小企业可以低成本地开拓市场，向更广泛的消费者展示自己的产品和服务。这无疑激发了大众创新创业的活力，促进了经济结构的优化升级。

第二节 数字经济对传统产业的影响

一、数字经济对制造业的转型升级

(一)智能化生产线的构建

从感知层面看,智能化生产线借助各类传感器实时采集设备运行参数、工艺状态等海量数据,为后续的分析决策提供了数据基础。边缘计算技术的应用则使得数据的处理和应用更加及时高效。生产数据与业务数据的互联互通,让企业对生产现场有了更加全面和深入的洞察。

在分析层面,机器学习算法成为智能化生产线的“大脑”。通过对历史数据的学习和挖掘,机器学习模型能够精准预测设备的健康状态,优化生产排程,改进工艺参数。知识图谱技术则让生产知识和经验得以沉淀积累,助力企业构建完备的知识体系。

执行层面的智能化主要体现在机器人等自动化设备的广泛应用。灵活智能的机器人能够承担起装配、搬运、检测等多种任务,显著提高生产线的自动化水平。人机协作机器人更是突破了传统的人机界限,实现了人机和谐共处、优势互补。3D 打印、增材制造等先进制造工艺的引入,则让个性化、小批量生产成为可能。

智能化生产线的构建还为企业的精益管理开辟了新的空间。通过对生产线的实时监控和数字孪生,管理者能够及时发现并消除生产过程中的浪费,持续优化生产流程。PLM、MES 等信息化系统的应用,实现了设计、生产、供应、销售等环节的无缝衔接,大幅压缩了产品的研制周期和交付周期。

(二)数字技术在产品研发中的应用

通过大数据分析,企业能够全面收集和分析用户行为数据,深入洞察用户的潜在需求和偏好。这不仅有助于企业发现新的市场机会,开发出更加贴合用户需求的产品,也能够为已有产品的改进和升级提供方向。例如,某家电企业通过分析用户的使用习惯和反馈数据,发现消费者对于空调的智能化控制有着强烈需求。于是,企业在新一代空调产品中加入了远程控制、语音交互等智能化功能,大大提升了用户体验，赢得了市场的认可。

数字孪生和虚拟样机技术的应用则让产品研发变得更加高效和精准。通过构建产品的数字孪生模型，设计人员可以在虚拟环境中进行设计、仿真和优化，大幅减少物理样机的制作和测试，缩短产品研发周期。同时，数字孪生技术还能够模拟产品在不同工况下的性能表现，预测其可靠性和寿命，从而提高产品质量，降低后期维修和召回的风险。某航空航天企业运用数字孪生技术，在飞机研发过程中建立了上万个虚拟样机，对飞机的气动性能、结构强度等进行了全面的分析和优化，不仅缩短了研发周期，也大大提升了飞机的安全性和可靠性。

此外，人工智能技术在产品研发中的应用也越来越广泛。机器学习算法可以从海量的设计数据中自动提取特征，优化设计参数，生成最佳设计方案。这不仅能够极大地提高设计效率，降低对设计人员经验的依赖，也能够探索出人力难以达到的创新设计。某汽车企业利用生成式设计技术，仅用几天时间就完成了新车型的概念设计，其新颖的外观和优化的性能参数，远非传统设计所能达到。人工智能还能够与虚拟现实技术相结合，创建身临其境般的设计体验，让设计人员以更直观、更自然的方式进行设计和交互。

（三）个性化定制生产

在个性化定制生产中，数字技术发挥着关键作用。大数据分析技术可以精准捕捉消费者的个性化需求，并基于海量数据挖掘用户偏好，为产品设计提供决策支持。人工智能技术可以实现产品设计的智能化和自动化，通过算法优化产品性能，缩短设计周期。数字孪生技术可以在虚拟空间构建产品和生产过程的数字化模型，实现产品性能的模拟仿真和生产过程的优化控制。3D 打印等增材制造技术则使个性化产品的快速制造成为可能，大大缩短了产品的生产周期。

个性化定制生产对制造企业的生产组织方式、资源配置模式等提出了新的要求。企业需要构建更加灵活、敏捷的生产体系，引入柔性化的生产线和智能化的制造设备，实现生产过程的快速切换和动态调整。同时，企业还需要重构供应链体系，建立面向个性化定制的供应链协同机制，实现从原材料采购到产品交付的全流程优化。这就要求企业具备更强的数字化、网络化、智能化能力，推动生产制造和供应链管理的数字化转型。

个性化定制生产模式的兴起，也对制造业从业人员提出了新的要求。一方面，个性化定制生产需要更多掌握数字技术和智能制造技能的复合型人才。另一方面，个性化定制生产也要求从业人员具备更强的创新意识和问题解决能力，能够快速响应市场变化，持续优化产品和服务。因此，制造企业需要加大人才培养和技能培训力度，提升员工的数字化素养和创新能力。

二、数字经济对农业的智能化改造

(一)精准农业技术的应用

在精准农业技术的支持下，农田数据采集实现了全面性和实时性。通过在农田中部署各类传感器，如土壤温湿度传感器、光照强度传感器、二氧化碳浓度传感器等，可以实时监测农田环境参数，全面掌握作物生长状况。同时，无人机航拍、卫星遥感等技术的应用，使得农田数据采集的范围更加广泛，为宏观决策提供了数据支撑。海量农田数据的获取为精准农业奠定了坚实基础。

农田数据的深度分析和挖掘是精准农业技术的核心内容。运用大数据分析、机器学习等前沿技术，可以从海量农田数据中提取有价值的信息，探寻农作物生长规律，预测病虫害发生趋势，制订科学的施肥、灌溉方案。例如，通过分析土壤养分数据，可以实现精准施肥，避免因养分过剩或不足影响作物生长；通过分析气象数据，可以预测干旱、洪涝等极端天气，提前采取应对措施，最大限度减少农业损失。精准农业技术让农业生产决策更加科学化、精细化。

在作物种植管理环节，精准农业技术发挥着不可替代的作用。基于农田数据分析结果，农业专家可以制订针对性的种植管理方案，包括品种选择、播种时间、播种密度、播种深度，田间管理措施等，实现农事操作的精准指导。农业机械装备与信息技术的深度融合，催生了智能化的农业装备，如根据作物长势自动调节施肥量的变量施肥机、基于农田小气候智能控制的植保无人机等，大大提高了农事操作的精准性和效率。同时，先进的农业装备也让精准种植成为可能。

精准农业技术的应用效果十分显著。通过精准农业技术指导，农户能够更加科学地安排农事活动，提高劳动生产率，节约农业投入成本。精准灌溉、精准施肥等措施的实施，大幅度提升了水肥利用率，实现了农业投入品的减量增效。作物产量和品质的提升，增加了农户收益，为农民致富提供了有力保障。此外，农药化肥使用量的减少，有利于保护生态环境，促进农业绿色发展。精准农业让现代农业实现了高产、优质、高效、生态的有机统一。

(二)农业物联网的部署

在农业物联网部署中，传感器发挥着关键作用。各类传感器被广泛应用于农田环境监测、设施农业环境控制、农产品质量安全溯源等领域。例如，土壤温湿度传感器可实时监测土壤水分和温度变化，为农作物灌溉提供数据支持；光照强度传感器可感知农作物生长环境的光照条件，为调节大棚内光照提供依据；农残速测仪可快速检测农产品农残含量，为农产品质量安全把关。通过部署多种传感器，农业生产的环境因素被全面感知和采集，海量的农业生产数据被记录和分析，从而为农业生产提供了科学决策依据。

自动化设备则使农业物联网从感知延伸到了执行控制层面。例如，温室大棚环境控制系统通过空调、通风、遮阳、补光等设备，根据设定的目标参数，自动调节温室内的温度、湿度、光照等，使作物始终处于最佳生长环境中；自动化灌溉系统依据土壤墒情传感器采集的数据，控制灌溉设备进行精准灌溉，不仅能节约水资源，还能促进作物健康生长；农机自动驾驶系统利用北斗导航，结合农田地理信息数据，实现农机作业的自动导航和精准作业，大幅度提升农机作业效率。自动化设备使农业物联网形成了从感知到分析再到控制的闭环，使农业生产的自动化、智能化水平大幅跃升。

农业物联网的部署极大地提升了农业生产的科技含量和现代化水平。通过物联网技术，农业生产实现了可监测、可控制、可优化，传统农业逐步向数字农业、智慧农业跨越。同时，农业物联网积累的海量农业数据，为农业科研、农业保险、政府决策等提供了数据支撑，推动了农业产业链和价值链的延伸，为农业高质量发展注入了新动力。

（三）农产品供应链的数字化

农产品供应链的数字化转型需要建立在数据采集、传输和处理的基础上。利用物联网技术，在农产品生产、加工、仓储、运输等各个环节部署传感器和数据采集设备，实时监测农产品的生长状况、加工工艺、储存温湿度等关键参数，并将数据上传至云端平台。通过大数据分析技术，对采集到的海量数据进行挖掘和分析，实现农产品质量的溯源和预警。同时，区块链技术可用于构建农产品供应链的信任机制，确保数据的真实性和不可篡改性，提高供应链各方的协作效率。

数字化的农产品供应链能够实现“从农田到餐桌”的全程可视化管理。消费者只需扫描农产品包装上的二维码，就能够获取该产品的生产基地、种植过程、收获时间、物流信息等关键数据，了解农产品的“前世今生”。这种透明化的信息披露，不仅能够增强消费者对农产品质量的信心，也为农产品品牌化、差异化提供了有力支撑。数字技术还能够优化农产品供应链的库存管理和需求预测，减少农产品的损耗和浪费，提高供应链整体效率。

农产品供应链数字化转型离不开政府、企业和农户等多方主体的协同推进。政府应加强顶层设计，完善农业数字化标准和规范，为农产品数字化提供制度保障和政策支持。农业企业要积极引入数字技术，优化生产、加工、仓储等环节的管理流程，提高农产品质量和供应链效率。农户要提升数字化意识和能力，学会利用数字工具参与农产品生产和销售。产学研用各方要加强合作，共同推动农业数字化关键技术的研发和应用。

三、数字经济对传统商业模式的重塑

(一)电子商务模式的演进

在电子商务发展的初期阶段，企业往往采用单一平台销售的模式，即通过自建网站或第三方电商平台开展线上销售业务。这种模式虽然能够帮助企业快速切入电子商务领域，建立网上销售渠道，但存在一定局限性。首先，单一平台的覆盖面有限，难以满足消费者多样化、个性化的需求。其次，过度依赖单一平台容易受到平台政策变化、竞争加剧等因素的影响，经营风险较高。此外，单一平台销售模式往往缺乏线上线下的有效融合，无法为消费者提供全方位、多触点的购物体验。

随着互联网技术的不断发展和消费者需求的日益多元，电子商务模式开始由单一平台向多渠道融合方向演进。多渠道融合是指企业综合利用自建网站、第三方电商平台、移动端 App、社交媒体、线下门店等多种渠道，为消费者提供全面、便捷、高效的购物服务。这种模式能够最大限度地触达和服务消费者，提升品牌影响力和市场竞争力。一方面，多渠道融合有助于企业拓宽销售渠道，提高市场覆盖率。通过在不同平台和渠道建立销售网络，企业可以接触到更广泛的消费群体，满足不同用户的购物偏好。另一方面，多渠道融合能够实现线上线下的有机结合，为消费者营造更加丰富、流畅的购物体验。消费者可以通过线上渠道浏览商品信息、在线下实体店体验产品，再通过线上平台完成购买，享受到全渠道无缝衔接的优质服务。

此外，大数据、人工智能等新兴技术在多渠道融合中发挥着日益重要的作用。企业可以通过收集和分析消费者在不同渠道的行为数据，深入洞察用户需求，优化营销策略和产品设计。利用大数据技术，企业能够实现精准营销，根据消费者的个人偏好、购买历史等信息，推送个性化的产品推荐和促销活动。人工智能技术的应用则可以智能化、自动化地推进订单处理与客户咨询等业务流程，大大提升运营效率和服务质量。

（二）消费数据分析对营销策略的影响

消费数据分析的首要任务是识别目标消费群体。通过对消费者人口统计学特征、购买历史、浏览行为等数据的综合分析，企业可以勾勒出典型消费者画像，了解不同细分市场的消费特点和需求偏好。在此基础上，营销人员可以有针对性地设计营销方案，提高营销的精准度和有效性。例如，某服装品牌通过分析消费数据发现，18—25岁的女性是其主要消费群体，她们偏好时尚、个性化的服装款式。于是，该品牌在产品设计和营销推广中更加注重年轻元素和潮流风格，并通过社交媒体等年轻人常用的渠道进行传播，最终实现了销售业绩的显著提升。

消费数据分析还能帮助企业优化产品组合和价格策略。不同消费者对产品的需求和支付意愿存在差异，通过数据分析可以发现高利润产品和长尾产品，合理调整产品结构，最大化企业收益。同时，数据分析还可以揭示消费者对价格的敏感度，为制定差异化定价策略提供依据。某电商平台的数据团队通过分析历史交易数据，发现某些商品的需求弹性较小，在价格上调10%的情况下销量并未明显下降。基于此洞察，平台对这类商品进行了适度提价，在保证销量的同时实现了利润的增长。

消费数据分析在个性化推荐和精准广告投放方面也大有可为。当今消费者面临的选择空前丰富，如何从海量信息中甄别出感兴趣的内容成为一大痛点。个性化推荐系统能通过分析用户的历史行为和偏好，为其匹配最可能感兴趣的商品或内容，提升用户体验的同时带动销售转化。精准广告投放则利用消费者画像和行为数据，将营销信息精确推送给潜在需求者，提高广告的点击率和转化率，降低营销成本。某视频网站通过机器学习算法分析用户的观影历史和评分数据，构建起个性化推荐模型，为每位用户量身推荐感兴趣的影视作品，极大提升了用户黏性和付费转化率。

消费数据分析为企业营销决策提供了科学依据，但在应用过程中也需注意一些问题。首先是数据质量和安全问题，企业需要重视数据的采集、清洗和存储，建立健全的数据安全防护机制，严格保护消费者隐私。其次，数据分析得出的洞察需要与行业经验和市场情况相结合，避免过度依赖数据而忽视其他因素的影响。最后，营销策略的制定和执行还需要考虑企业的整体发展战略、品牌定位等因素，确保与企业长远目标相一致。

(三)新零售的兴起

从线上来看,新零售充分利用大数据、人工智能等数字技术,对消费者的行为偏好进行精准分析,实现了个性化推荐和定制化服务。电商平台不再局限于简单的商品展示和交易,而是通过沉浸式体验、虚拟试穿等创新方式,让消费者足不出户就能享受身临其境般的购物乐趣。同时,线上渠道还能够突破时空限制,为消费者提供 7×24 小时全天候的服务,最大限度地满足其随时随地购物的需求。

从线下来看,新零售通过数字化改造,赋予了实体门店全新的功能和体验。智能货柜、电子价签、自助结算等技术的应用,极大地提升了门店运营效率和顾客便利性。消费者在店内不仅能够体验商品,还可以通过扫码获取商品详情、查看库存、在线支付等,实现线上线下信息的无缝对接。此外,线下门店还成为体验式消费的重要阵地,通过主题活动、互动装置等方式,为消费者营造独特的沉浸式购物氛围,增强其对品牌的认知和情感联结。

新零售模式的关键在于实现线上线下的深度融合,打通全渠道数据,构建统一的会员体系和服务标准。消费者可以自由选择线上下单、线下取货,或者线下体验、线上购买等多种方式,享受到全渠道无缝衔接的一体化购物体验。同时,通过对线上线下数据的整合分析,商家能够全面洞察消费者行为,优化商品组合和营销策略,提供更加精准、有针对性的服务。

四、数字经济对传统产业链的优化

(一)垂直整合与协作平台的构建

产业链垂直整合的核心在于构建一个高度协同的产业生态系统。在这一系统中,上下游企业通过数字化的方式实现了信息的互联互通,生产、库存、物流等关键数据实现了实时共享。这种信息的透明化使得企业能够及时掌握市场动向,快速作出决策调整,大大缩短了产品从设计到投放市场的周期。同时,数据驱动的智能算法还可以帮助企业优化资源配置,降低运营成本,提高生产效率。例如,通过对历史销售数据的分析,企业可以更加精准地预测市场需求,从而优化生产计划和库存管理,减少因供需不匹配造成的浪费。

协作平台的搭建则为产业链各环节的协同运作提供了有力支撑。借助云计算、大数据等数字技术,协作平台可以实现设计、生产、销售等各个环节的无缝对接,打破部门间的信息孤岛,促进跨部门、跨企业的协同创新。在协作平台上,设计人员可以与生产人员实时互动,根据市场反馈快速迭代产品方案;供应商可以及时了解企业的生产计划,优化自身的生产安排;销售人员可以实时掌握产品库存情况,制定更加精准的营销策略。这种全链条的协同运作模式不仅提高了产业链的整体效率,也为企业应对市场变化提供了更大的灵活性和韧性。

此外,垂直整合与协作平台的构建还有利于促进产业链上中小企业的发展。传统的产业组织模式下,中小企业往往处于弱势地位,难以获取关键资源和市场信息。而在数字经济时代,垂直整合和协作平台为中小企业提供了一个公平竞争的舞台。通过与产业链上的龙头企业合作,中小企业可以借力打力,获得更多的发展机会。同时,协作平台也为中小企业提供了展示自身优势、对接潜在客户的渠道,有助于其拓展市场空间,实现专业化、特色化发展。

(二)供应链管理的透明化

云计算、大数据、物联网等新兴技术的融合应用,使得供应链各环节的信息能够实现高效采集、传输和处理。通过在供应链关键节点部署智能传感器,可以自动获取产品的生产、库存、运输等数据,并利用物联网技术实时上传至云端平台。供应链管理系统可以对采集到的海量数据进行存储、清洗和分析,从而对供应链运行状况进行全面监测和预警。

数字化的供应链管理平台为企业搭建了一个透明、可视化的信息共享机制。通过授权,供应链上的合作伙伴能够实时查看订单状态、库存水平、生产进度、物流动态等关键信息,从而增强彼此间的信任与协作。这种数据驱动的供应链管理模式能够显著提升供应链的敏捷性和柔性,使企业能够对市场变化做出快速响应。

可视化技术在供应链管理中的应用进一步提升了决策的科学性和精准性。供应链管理人员可以通过数字化仪表盘直观地监控供应链各环节的运行状况,并借助可视化工具对复杂的数据进行挖掘和分析。例如,通过对销售数据和市场趋势的分析,企业可以优化需求预测和生产计划;通过对库存数据的分析,可以识别和消除供应链中的瓶颈;通过对物流数据的挖掘,可以优化运输路径和调度策略。可视化的管理方式让决策者能够直观把握供应链的整体运作,从而作出更加准确、高效的判断。

数字化的供应链管理还能够提高供应链风险的可视性和可控性。通过对供应商的全面评估和监督,企业能够及时发现和规避潜在的供应风险。同时,数字化平台能够记录和追踪每一批次产品的生产、流转信息,实现产品溯源和质量管控。一旦出现质量问题,企业可以快速定位问题产品,最大限度地降低损失。此外,数字化供应链管理还可以通过仿真模拟等技术,对供应链运行中的各种场景进行推演,预判风险,制定应急预案。

(三)制造即服务(MaaS)模式的出现

从本质上看,MaaS 模式是制造企业顺应数字化浪潮,推动业务模式创新的必然选择。一方面,在消费者需求日益多样化、个性化的背景下,单纯依靠产品制造已经难以满足市场需求,企业必须通过服务增值来提升产品附加值和客户黏性。另一方面,数字技术的广泛应用为制造企业实现服务化转型提供了有力支撑,通过数字孪生、物联网、大数据分析等技术手段,企业能够实时感知产品状态,优化运维策略,提供远程诊断、预测性维护等增值服务。

MaaS 模式的实践路径呈现出多样化特征。一种典型做法是制造企业基于自身产品,发展面向客户的全生命周期服务。例如,通过嵌入式传感器实时监测产品运行状态,通过大数据分析优化产品性能,通过远程升级延长产品寿命,最终实现从单一产品销售到整体解决方案服务的转变。另一种做法是制造企业利用自身技术优势,为其他企业提供制造服务。例如,一些拥有先进生产设备和工艺的企业,可以接收其他企业的订单,提供从设计、生产到物流配送的一站式服务,实现制造资源的共享与协作。

MaaS 模式的推行对制造企业的组织架构和能力体系提出了新的要求。企业需要打破原有的部门壁垒,构建起以客户为中心的敏捷组织,实现研发、生产、销售、服务等环节的无缝衔接。同时,企业还需要加快数字化转型步伐,引进物联网、人工智能、区块链等新兴技术人才,提升智能制造、数据分析、远程运维等方面的能力。只有适应数字经济发展规律,加快转型升级,制造企业才能在 MaaS 模式下赢得竞争优势。

第三节　数字经济对社会结构的影响

一、数字经济对就业结构的影响

(一)新兴职业的出现与发展趋势

从知识结构来看,新兴职业对从业者的专业素养提出了更高要求。以人工智能工程师为例,除需要扎实的计算机科学与技术专业知识外,还需要掌握机器学习、深度学习等前沿算法,了解认知科学、心理学等交叉学科知识。这意味着,从业者需要具备复合型的知识结构,能够将不同学科领域的知识融会贯通,并将其应用于实践。因此,跨学科的交叉融合将成为新兴职业从业者的必备素质。

从能力要求来看,新兴职业更加注重创新能力和学习能力的培养。在瞬息万变的数字时代,唯有保持持续学习和创新的态度,才能适应不断更新迭代的新技术、新模式。以大数据分析师为例,面对海量的数据资源,从业者需要具备敏锐的洞察力,能够从纷繁复杂的数据中发现价值,提炼见解。同时,还需要运用创新的思维方式,开发新颖的数据分析模型和算法。可以说,创新能力和学习能力已成为新兴职业的核心竞争力。

从职业发展路径来看,新兴职业呈现出更加灵活多元的特点。与传统职业相比,新兴职业的发展道路更加开放,提供了更多的选择空间。以云计算工程师为例,从业者可以选择在大型互联网企业、云服务提供商任职,参与云平台的研发与维护,也可以选择在政府机构、科研院所工作,从事云计算领域的前瞻性研究,还可以作为独立开发者,为中小企业提供云端解决方案。这种多样化的职业发展路径,为从业者提供了更广阔的舞台和更多的发展机会。

新兴职业的出现,为就业市场带来了新的增长点和发展动能,同时也对人才培养提出了新的挑战。高校作为人才培养的主阵地,需要紧跟时代步伐,加快教育教学改革,优化专业设置,更新课程体系,为学生提供与新兴职业相匹配的知识和能力训练。只有建立起产教融合、校企合作的人才培养机制,才能源源不断地为社会输送高素质人才,满足新兴职业发展的现实需求。

职业教育体系也需要加快转型升级,强化实践导向,注重复合型技能的培养。通过开设新兴职业课程、建设实训基地、开展现代学徒制等举措,为学生提供接触新技术、新模式的机会，帮助其尽快适应未来职场的要求。只有职业教育与产业发展同向同行，才能为新兴职业输送源源不断的技术技能人才。

（二）传统职业的转型与就业机会

传统制造业是受数字经济影响最为深远的领域之一。在智能制造的趋势下，生产线上大量重复性的操作岗位被自动化设备所取代，传统的流水线工人面临失业的风险。但与此同时，智能制造也带来了对设备操作员、数据分析师、软件工程师等高技能人才的迫切需求。掌握数字化技能的员工不仅不会被淘汰，反而会成为企业转型升级的中坚力量。

零售行业同样经历着数字化的剧变。电子商务的兴起对实体零售业造成了巨大冲击，传统售货员、收银员等岗位需求大量缩减。但在新零售模式下，线上线下渠道的深度融合为门店导购、体验师等新型服务岗位创造了用武之地。熟悉消费者画像、精通数字化营销的复合型人才，将在未来零售行业的人才竞争中具有更大优势。

在金融领域，数字化转型正在重塑传统柜员、信贷员等岗位的工作方式和职责边界。金融科技的发展使得智能投顾、在线信贷等创新业务蓬勃兴起，对从业者的数字素养提出了更高要求。精通大数据风控、区块链技术的金融专业人士，将在数字时代的金融行业中拥有广阔的发展前景。

即使在相对传统的建筑业，数字化技术也在悄然改变着工程师、设计师等岗位的能力需求。建筑信息模型（BIM）、虚拟现实（VR）等新技术的应用，要求从业者具备数字化设计、仿真分析等新技能。借助数字化手段提升工程效率、优化设计方案的建筑专业人才，将在未来的行业竞争中脱颖而出。

面对数字经济的汹涌潮流，传统职业从业者需要主动拥抱变革，提升数字素养，掌握跨界技能。只有在专业领域与数字技术实现深度融合，才能抓住转型带来的新机遇，实现职业能力的升级换代。同时，教育培训体系也应及时调整，加强数字技术与行业应用的结合，为数字经济时代培养复合型的高素质人才。

二、数字经济对收入分配的影响

（一）数字鸿沟与收入差距问题

随着信息通信技术的快速发展和广泛应用，拥有数字技能和访问数字资源的群体能够更好地适应数字化转型，获得更多的就业机会和收入增长。而那些缺乏数字素养、无法有效利用数字工具的群体则面临被边缘化的风险，收入增长缓慢。

数字鸿沟对个体收入的影响主要体现在就业机会获取和职业发展前景两个方面。在数字经济时代，众多新兴行业和职业对从业者的数字技能提出了更高要求。掌握编程、数据分析、人工智能等前沿技术的人才往往能够获得高薪职位，实现快速的职业发展和收入增长。相比之下，缺乏数字技能的劳动者则面临就业岗位减少、工资增长缓慢的窘境。即便是在传统行业，数字化转型也对员工的数字素养提出了新的要求。无法适应这一转变的员工既可能失去原有工作，也难以在新的岗位上找到立足之地，收入水平因此受到影响。

除了个人职业发展，数字鸿沟还会影响家庭的收入状况和代际流动。在信息时代，子女能否接受良好的数字教育，掌握必要的数字技能，很大程度上取决于其家庭背景。重视教育投入的家庭更有条件为子女提供优质的数字教育资源，帮助其及早掌握数字技能，在未来的职业竞争中占得先机。久而久之，家庭的数字鸿沟就转化为代际固化的收入差距。

数字鸿沟对收入差距的影响还体现在区域发展的不平衡上。在数字基础设施建设方面，发达地区往往能够率先完成信息基础设施的升级改造，为当地居民和企业提供更快捷、更低成本的数字服务，推动当地数字产业的发展和就业机会的创造。而欠发达地区，尤其是偏远农村地区，往往存在数字基础设施建设滞后、数字服务供给不足的问题，制约了当地数字经济的发展和居民收入的提升。这种区域数字鸿沟导致的发展机遇不平等，进一步拉大了地区间的收入差距。

缩小数字鸿沟导致的收入差距，需要政府、企业、社会多方携手，共同营造包容、公平的数字生态。政府应加大数字基础设施投资，尤其是加快欠发达地区的信息基础设施建设，为当地居民提供平等接入数字服务的机会。同时，有必要完善职业教育和技能培训体系，将数字技能纳入培养范畴，提升劳动者的数字素养，帮助其更好地适应数字经济时代的就业要求。对于欠发达地区和困难群体，还需要提供针对性的数字教育扶持和就业帮扶，帮助他们跨越数字鸿沟，分享数字红利。企业也应承担起相应的社会责任，在创造就业岗位、提供员工培训方面下功夫。

（二）数字经济增长与收入分配公平性

数字经济催生了众多新业态和就业机会，为更多人提供了创业和增收的平台。电子商务、网络直播、在线教育等新兴行业的蓬勃发展，使得普通民众也能够分享数字经济发展的成果。尤其是对于困难群体而言，数字经济打破了地域、身份的限制，为其参与经济活动、实现自身价值提供了更多机会。从这个角度来看，数字经济有助于缩小民众收入差距，促进社会纵向流动。

掌握数字技术和享有数字资源的群体，无疑在收入分配中处于优势地位。他们能够利用数据、算法等先进生产要素，提高生产效率，创造更多财富。而那些缺乏数字素养、难以适应数字化转型的群体，则可能面临失业、收入下降的风险。

此外，平台经济的发展也对收入分配公平性提出了新的挑战。互联网平台凭借其强大的数据掌控力和市场影响力，在与中小企业、个体经营者的利益博弈中往往处于强势地位。平台抽成、排名竞价等机制，可能进一步压缩中小企业的利润空间，加大收入分配差距。同时，平台经济下的灵活就业人员也面临着社会保障缺失、谈判地位弱势等问题，这些都可能影响劳动者的收入权益。

面对这些挑战，实现数字经济条件下的收入公平分配，需要政府、企业、个人等协同发力。政府应加强对数字经济的引导和规范，完善相关法律法规，维护市场秩序，防止垄断和不正当竞争。同时，要加大对数字基础设施的投入，缩小数字鸿沟，为更多群众创造公平参与数字经济的机会。企业要加强自律，践行社会责任，在追求利润的同时兼顾利益相关方的权益，促进利益的均衡分配。个人则要主动学习数字技能，提升数字素养，增强自身的竞争力和适应力。

三、数字经济对社会阶层的影响

（一）数字技术掌握与社会阶层流动

数字技能已经成为现代社会的基本生存技能。无论是求职就业、创业创新，还是社交娱乐、生活服务，数字技术的应用无处不在。拥有扎实的数字技能，能够帮助个人更高效地工作，更便捷地生活，更从容地应对变化，在竞争日益激烈的社会中赢得先机。相比之下，数字技能匮乏的人很可能在就业市场上处于不利地位，职业发展空间受限。

信息获取能力在很大程度上决定了个人的发展潜力。在数字时代，海量信息唾手可得，个人具备的搜集、筛选、利用信息能力，直接关系到其对机遇的敏锐洞察和快速反应。善于利用搜索引擎、数据库、社交媒体等获取有价值信息的人，常常能够捷足先登，抓住机遇，实现职业的跨越式发展。反之，信息获取能力欠缺的人很容易在芜杂的信息洪流中迷失方向，错失良机。

数字素养的高低也关乎个人的综合竞争力。数字素养不仅包括技术层面的操作能力，还涵盖对数字化生存环境的深刻理解，以及运用数字思维解决问题的能力。拥有较高数字素养的人往往具备开阔的全球视野、敏捷的逻辑思维和强大的创新能力，能够在复杂多变的环境中从容应对，成为引领行业发展的中坚力量。

此外，数字资源的占有量也与个人的社会地位息息相关。在数字经济时代，数据已经成为最宝贵的战略资源。掌握海量数据的机构和个人，能够通过数据的深度挖掘和高效利用，优化业务流程，创新产品服务，从而在市场竞争中取得优势地位。而没有数字资源或不懂得开发利用数字资源的人，则难以分享数字红利，甚至面临被淘汰出局的风险。

需要指出的是，数字技术发展带来的社会阶层流动，可能加剧社会分化，导致贫富差距和数字鸿沟问题更加突出。为此，政府和社会各界应该高度重视数字赋能，增强信息基础设施建设，完善数字教育体系，提供公平、普惠的数字服务，帮助弱势群体提升数字技能，分享数字红利，促进社会的公平正义。

（二）数字利益分化与社会阶层固化

数字经济环境下，掌握数字技术和信息资源成为影响个人发展的关键因素。能够熟练运用数字工具、充分利用数据资源的群体，往往能够获得更多的发展机会和经济收益。他们不仅能够在数字化转型中抢占先机，实现职业的快速发展，还能依托数字平台实现财富的快速积累。相比之下，数字技能匮乏、无法有效利用数字资源的群体则面临被边缘化的风险。他们很可能在新一轮产业变革中失去竞争力，难以适应不断变化的就业市场，收入增长缓慢。

数字经济还可能加剧马太效应，引发财富向头部企业和个人集中。数字平台往往呈现出赢者通吃的特征，占据市场优势地位的企业能够利用规模效应和网络效应不断扩大影响力，进而获得超额利润。与之合作的个人同样能够分享到数字红利。然而，处于弱势地位的中小企业却难以抗衡巨头的垄断地位，利润空间受到挤压，发展前景堪忧。这无疑加剧了社会财富分配的不平衡，强化了既得利益群体的优势地位。

数字经济带来的结构性变革，对不同群体的冲击是不对称的。年轻群体、高学历者通常更易适应数字化转型，获得更多的发展机会。但是，中老年群体、低学历者则面临更大的转型压力，很可能成为数字化进程中的“失意者”。教育背景的差异，技能结构的错位，使得原本就处于弱势的群体难以跨越数字鸿沟，阶层流动的难度进一步加大。

四、数字经济对城乡关系的影响

(一)数字经济带动的城乡经济融合

互联网、大数据、人工智能等现代信息技术的广泛应用,为农村经济发展注入了新的动力。通过电子商务平台,农产品可以直接对接广阔的城市消费市场,实现产销一体化,有效提升了农产品附加值。数字农业的兴起,让智慧种植、精准养殖成为可能,农业生产效率和质量得到大幅提高。数字乡村的建设,让偏远山区通上了高速宽带,享受到了优质的远程教育和医疗服务,极大地改善了农村居民的生活品质。这些变革无一不彰显着数字经济对农村发展的巨大推动作用。

与此同时,数字经济也为城市经济转型升级提供了新的路径。工业互联网的应用,促进了制造业的数字化、网络化、智能化,催生出柔性制造、个性化定制等新模式。智慧城市的建设,利用数字技术优化城市管理和公共服务,提升了城市运行效率和宜居水平。数字创意产业的蓬勃发展,为城市经济注入了文化内涵和创新活力。可以说,数字经济已经成为驱动城市高质量发展的重要引擎。

数字经济在促进城乡经济发展的同时,也为二者的融合发展提供了广阔空间。随着信息基础设施的不断完善,城乡数字鸿沟正在逐步缩小。农村地区可以借助数字平台,实现与城市的无缝对接,推动生产要素在城乡之间的自由流动。城市的人才、资本、技术等优势资源,可以更加便捷地服务于农村经济发展。而农村的特色资源、生态优势,也可以通过数字渠道为城市发展所用。城乡在数字经济中的互补与协同,正在开创区域一体化发展的新格局。

推进城乡经济一体化,需要在数字经济的引领下不断探索新路径、创新新模式。一方面,要加快农村数字基础设施建设,提升农村地区接入数字经济的能力。加强农村信息技术教育和培训,培养新型农民,为数字农业、电子商务等新业态发展提供人才支撑。另一方面,要发挥城市数字产业集聚优势,加强与农村的产业协作和创新联动。支持数字企业下沉市场,为农村经济发展提供个性化、精准化的数字解决方案。鼓励城乡居民利用数字平台开展创业创新,激发内生动力。

此外,还要注重发挥政府的引导和支持作用。完善数字经济发展的政策体系,优化营商环境,营造公平竞争的市场秩序。加大财政投入力度,支持农村数字化转型和城乡数字产业协同发展。构建数字乡村治理新模式,利用数字技术提升农村管理和公共服务水平。

（二）数字鸿沟对城乡均衡发展的影响

数字基础设施是弥合数字鸿沟的物质基础。由于地理位置偏远、经济基础薄弱等，农村地区在网络通信、数据中心等数字基础设施建设方面明显落后于城市。据统计，2020 年我国农村互联网普及率仅为 55.9%，远低于城市的 76.4%。数字基础设施覆盖不足，直接制约了农村地区数字经济的发展，农村居民难以便捷地获取优质网络服务和数字资源，在参与网络经济活动中处于劣势地位。

数字技术应用是缩小数字鸿沟的关键路径。当前，大数据、云计算、人工智能等数字技术在城市得到广泛应用，极大提升了城市管理和公共服务效率，改善了城市居民生活品质。相比之下，农村地区数字技术应用严重滞后，许多领域仍沿袭传统模式，效率低下。以农业生产为例，许多农户缺乏数字化管理手段，难以实现精准种植和智慧农业，产出效率和品质远不及城市现代农业。再如，农村线上教育、远程医疗等数字服务供给不足，农村居民在教育、医疗等方面难以享受与城市居民同等的优质资源。

数字人才短缺是农村数字鸿沟产生的深层次原因。数字经济发展需要大量掌握数字技能的复合型人才，而农村地区在吸引和培养数字人才方面面临诸多困境。一方面，城乡教育资源分配不均衡，农村学生在接受数字技能教育方面处于劣势；另一方面，农村就业机会较少，数字人才多流向城市，导致农村数字人才断层。如果没有一支掌握先进数字技能的人才队伍，农村数字经济发展就缺乏内生动力，数字鸿沟难以从根本上弥合。

破解数字鸿沟难题，缩小城乡数字差距，需要政府、企业、社会多方协同发力。一是加大农村数字基础设施建设投入，提升农村地区网络通信品质，为农村数字化转型奠定物质基础。二是深入推进数字技术在农村各领域的应用，促进智慧农业、数字乡村等新业态新模式加速成长，带动农村产业数字化升级。三是大力发展农村数字教育，利用在线教育平台向农村学生提供优质数字技能培训，为农村储备数字人才。四是完善农村数字就业创业政策，为返乡农民工和农村青年提供更多数字经济岗位，引导数字人才向农村流动。

第二章 人工智能在数字经济数据处理与分析中的应用

第一节 基于人工智能的数字经济数据处理技术

一、数据预处理技术

（一）数据清洗与规范化

数据清洗是指检测并纠正数据文件中可识别错误的过程，其目的是提高数据质量，支撑高质量的数据分析。常见的数据质量问题包括数据缺失、数据冗余、数据不一致等。针对这些问题，人工智能技术可以发挥其快速、准确、智能的优势，自动识别并修正错误数据。例如，对于缺失值，可以利用机器学习算法根据已有数据预测和填补；又如，对于重复数据，可以使用相似度匹配算法进行识别与合并；再如，对于不一致数据，可以通过模式识别方法实现数据的标准化处理。这些智能化的数据清洗技术，大大提高了处理效率和准确性，为后续分析奠定了坚实的数据基础。

数据规范化是指将数据转换为符合一定规则的标准格式，消除数据的歧义性和不一致性。数字经济环境下，数据来源多样化，不同渠道和系统之间在格式、单位等方面往往存在差异，导致数据不能直接比较和关联分析。数据规范化就是要解决这一问题，通过制定统一的数据标准，对原始数据进行转换和映射，使其达到统一、规范、可比的要求。人工智能技术在规范化过程中可以发挥重要作用，自动识别不同数据源的元数据信息，智能匹配数据项，并按照预设规则进行自动转换。这不仅提升了规范化效率，也保证了数据转换的准确性和一致性。规范化后的数据，可以直接用于数据仓库的构建、联机分析处理（OLAP）、数据挖掘等，充分发挥数据资产的价值。

数据清洗与规范化是一项复杂的系统工程，需要人工智能技术与领域知识的深度融合。一方面，机器学习、深度学习、自然语言处理等人工智能技术日趋成熟，为数据处理提供了强大的工具支撑。算法可以从海量数据中自动发现模式和规律，不断迭代优化，形成智能化的数据处理能力。另一方面，数据质量问题的识别和处理，往往需要对业务场景和数据特点有深入理解，单纯依靠算法是不够的。需要领域专家将其知识和经验固化为质量规则，指导算法的设计和优化，形成人机协同的数据处理模式。只有技术与业务深度融合，才能真正实现数据清洗与规范化的智能化与自动化。

（二）缺失值处理

人工智能技术的发展为缺失值处理提供了新的思路和方法。通过机器学习算法，可以根据已有数据的特征和分布规律，自动学习和推断缺失值，从而实现数据的自动修复和完善。常见的基于人工智能的缺失值处理方法包括基于统计学的插值法、基于相似性的匹配法、基于预测模型的回归填补法等。

以基于预测模型的回归填补法为例，其原理是利用机器学习算法建立预测模型，通过已知变量推断缺失变量的取值。具体而言，可以将数据集分为完整部分和缺失部分，以完整部分为训练集，建立回归模型，然后用该模型预测缺失部分的值。这种方法能够充分利用已有数据的信息，通过变量之间的关联关系推断缺失值，具有较高的填补精度。同时，回归填补法还能处理不同类型的缺失数据，包括连续型变量和分类型变量，适用范围广泛。

值得注意的是，在应用基于人工智能的缺失值处理方法时，需要注意算法的选择和参数的调试。不同的数据集可能适用不同的算法，需要根据数据的特点和分布规律，选择恰当的机器学习模型。同时，模型的参数设置也会影响填补效果，需要通过反复试验和优化，找到最佳的参数组合。此外，还要重视缺失值填补后的数据质量评估，采用交叉验证等方法评估填补精度，确保填补后的数据能够满足后续分析和应用的需求。

除上述技术方法外，数据缺失值处理还需要与业务实际相结合。一方面，要深入分析数据缺失的原因和规律，针对不同类型的缺失制定处理策略。例如，对于完全随机缺失的数据，可以直接删除或采用简单的填补方法；对于非随机缺失的数据，则需要采用更加复杂的算法，考虑变量之间的相关性。另一方面，还要重视缺失值处理与后续数据应用的衔接，确保填补后的数据能够支撑业务决策和流程优化。这就需要数据科学家与业务专家密切合作，在技术和业务的双重考量下制订最优的缺失值处理方案。

（三）异常值检测与处理

异常值检测的核心是建立合理的数据模型，准确刻画正常数据的特征。常用的异常值检测方法包括基于统计学的方法、基于距离的方法、基于密度的方法等。基于统计学的方法假设数据服从某种已知的概率分布，如正态分布，并利用统计量（如均值、方差）设定异常阈值。基于距离的方法通过计算数据点之间的距离（如欧氏距离、马氏距离），将距离超过阈值的点识别为异常值。基于密度的方法则利用数据点局部密度的相对大小来判断异常，密度明显低于周围点的数据被视为异常。

在实际应用中，异常值检测往往需要综合运用多种方法。例如，电商平台在分析用户消费行为时，可以先利用基于统计学的方法粗略识别异常记录，再使用基于密度的方法进一步确认局部异常。在金融风控领域，基于距离的异常检测方法被广泛用于识别欺诈交易。此外，一些先进的机器学习算法，如 Isolation Forest、One-Class SVM 等，也被引入异常值检测，以应对日益复杂的数据环境。

异常值的处理策略需要根据具体应用场景和业务需求而定。常见的处理方式包括删除异常值、替换异常值（如使用均值、中位数）、平滑异常值（如使用滑动平均）等。但在某些场景下，异常值可能蕴含着重要的业务信息，直接删除会导致信息的丢失。例如，在设备健康监测中，异常值可能预示着设备即将发生故障，需要引起工程师的高度重视。此时，恰当的策略是将异常值提取出来，进行针对性的分析和处理。

异常值检测与处理技术的发展，离不开人工智能的推动。一方面，机器学习为异常检测提供了更加智能、高效的工具，尤其是在处理高维、非线性数据时，展现出传统方法难以企及的优势。另一方面，异常检测技术反过来也促进了人工智能的进步。异常检测的核心是学习数据的正常模式，这与机器学习的目标高度一致。因此，异常检测问题常被用作机器学习算法的标准，推动算法性能的不断提升。

二、数据清洗与修复方法

（一）识别与处理重复数据

人工智能技术为重复数据的识别与处理提供了新的思路和方法。基于机器学习的重复数据检测算法，能够自动学习数据特征，建立数据指纹，快速、准确地发现重复记录。例如，MinHash、SimHash 等局部敏感哈希算法，通过降维和哈希映射，将高维数据转化为低维的指纹编码，大大提高了重复数据检测的效率。卷积神经网络、循环神经网络等深度学习模型，则可以自动提取数据的深层特征，识别语义层面的近似重复。

在识别出重复数据后，还需要进行适当的处理。对于完全重复的记录，可以直接删除，节省存储空间。但对于部分重复的数据，则需要根据具体应用场景和需求，采取恰当的融合策略。例如，对于不同来源的重复数据，可以按照优先级选取保留对象；对于同一实体的多条重复记录，可以采用属性融合的方式，生成一条完整、准确的记录。知识图谱、本体匹配等语义融合技术，能够在概念层面实现数据的关联与融合，提升数据的一致性和完整性。

重复数据识别与处理是一个持续迭代的过程。随着数字经济数据的不断积累和更新，需要定期开展数据去重和融合任务，确保数据质量的持续改进。同时，还要与上下游数据处理环节紧密配合，建立健全数据治理体系，从源头上防范和减少重复数据的产生。只有从技术和管理两个层面共同发力，才能真正实现数字经济数据的精准化管理和高效利用。

（二）修复不一致数据

基于人工智能的数据修复方法可以自动识别并纠正数据中的不一致之处。例如，使用机器学习算法可以从海量数据中发现数据格式、单位等方面的差异，并智能地将其统一为标准格式。再如，深度学习模型可以学习数据之间的内在联系，根据上下文信息推断出缺失或错误的数据，从而实现数据的自动修复。

与传统的人工校对相比，智能化的数据修复方法具有效率高、准确率高的优势。通过训练高质量的数据修复模型，可以在较短时间内处理海量的异构数据，且错误率远低于人工处理。同时，智能数据修复还可以不断学习和优化，随着数据量的增加和模型的迭代，其性能还将进一步提升。

当前，数据修复领域的人工智能技术已经取得了初步的进展。一些前沿的研究采用了基于知识图谱、迁移学习、对抗生成网络等技术，旨在探索更加智能化、自动化的数据修复方案。这些新技术让烦琐的数据清洗工作变得简单，大幅降低了数据处理的时间成本和人力成本。

（三）校验数据正确性

数据正确性校验的核心在于利用计算机强大的运算能力，对数据进行全面、细致的扫描和比对。通过设计智能化的校验规则和算法,可以自动识别出数据中的异常点和不一致之处。例如,可以利用哈希算法对数据的完整性进行校验,通过比对源数据和传输后数据的哈希值,判断数据在传输过程中是否发生了改变或损坏;又如,可以利用机器学习算法,通过对历史数据的学习和训练,建立系统对正常数据的认知,从而快速识别出不符合常规模式的异常数据。

值得一提的是,数据正确性校验并非一蹴而就的过程,而是需要在实践中不断迭代优化的。一方面,随着数字经济的快速发展,数据的类型和规模也在不断变化,这就要求校验算法必须具有一定的适应性和可扩展性,能够随着数据环境的变化而自我调整和优化;另一方面,即便是经过校验的数据,也不能完全排除错误和遗漏的可能性,因此还需要建立数据质量的长效监控机制,通过持续的校验和反馈,不断提升数据的可靠性。

此外,数据正确性校验还需要与数据安全防护相结合。一些恶意攻击者可能会利用数据校验的漏洞,植入错误或污染的数据,从而达到破坏数据完整性的目的。为了应对这种威胁,数据校验算法必须具备一定的安全防护功能,能够有效识别和拦截外部的恶意干扰。同时,还需要在数据访问和操作过程中,严格控制访问和管理权限,确保只有授权的用户才能对数据进行修改和删除。

三、数据集成与融合技术

(一)数据同步集成

通过应用人工智能算法,可以实现数据源的自动识别和分类,建立动态的数据集成机制。智能化的数据抽取和转换工具能够持续监测数据源的变化,并在第一时间捕获新增或更新的数据,将其无缝集成到数据仓库或数据湖中。这种实时的数据同步机制,大大缩短了数据获取和处理的时间,为数据分析和决策提供了可靠、及时的数据支撑。

此外,人工智能还能够智能化地管理和协调多源异构数据的集成过程。在数字经济环境下,数据来源日益多样化,不同系统、不同格式的数据需要进行有效整合,才能形成完整、一致的数据视图。运用知识图谱、本体映射等人工智能技术,可以建立数据源之间的语义关联,实现数据模型的自动匹配和转换,消除数据孤岛,提高数据集成的效率和质量。

人工智能驱动的数据同步集成,不仅能够满足数字经济对数据时效性的要求,更能够释放数据价值,推动业务创新。通过实时、准确的数据集成,企业能够快速感知市场变化,优化业务流程,创新产品和服务,从而在激烈的市场竞争中占据有利地位。同时,政府部门也可以依托实时数据,加强经济运行监测,制定精准有效的政策,更好地服务于数字经济发展。

当然,实现基于人工智能的数据同步集成,还需要解决一系列技术难题,如海量数据的高效处理、数据安全与隐私保护等。这需要产学研用各界的共同努力,加强关键技术攻关,完善数据治理体系,营造有利于数据流通和价值创造的制度环境。只有这样,人工智能才能真正赋能数据同步集成,为数字经济高质量发展提供强大动力。

(二)数据异构集成

基于人工智能的异构数据集成可以从语义层面实现数据的自动关联和融合。通过知识图谱、本体映射等技术,人工智能系统能够智能识别不同数据源中数据的实体、属性和关系,构建统一的语义模型。在此基础上,系统可以自动将分散的异构数据映射到统一的语义空间,实现数据的语义集成。例如,在金融领域,存在大量结构化的交易数据和非结构化的新闻、研报等文本数据。传统的数据仓库难以将这些异构数据有效整合,影响了金融风险的全面分析和预警。基于知识图谱的异构数据集成可以自动提取文本中的金融实体和事件,与结构化交易数据关联,构建全域金融知识图谱,从而实现全量数据的融合分析,大幅提升金融风险管理的效果。

此外,人工智能驱动的异构数据集成还能显著提高数据处理的效率和质量。传统的数据抽取、转换、加载(ETL)过程需要大量人工参与,费时费力且易出错。而人工智能技术可以自动完成数据格式转换、数据清洗、数据映射等任务,大幅减少人力成本和错误。同时,机器学习算法可以持续优化数据集成流程,通过增量学习不断提高数据集成的准确性和效率。例如,在医疗健康领域,存在大量分散在不同医院、不同系统的异构医疗数据,格式和质量参差不齐。人工智能驱动的异构数据集成系统可以自动对这些医疗数据进行标准化处理,智能纠正错误和缺失值,并将其映射到统一的医疗术语体系。在此基础上,还可以利用自然语言处理技术从非结构化的医疗文本(如病历、影像报告)中抽取结构化信息,与其他结构化数据融合,形成完整的患者画像,为智慧医疗的实现奠定数据基础。

应用人工智能进行异构数据集成,可以打破不同行业和领域的数据壁垒,实现跨领域数据融合，催生数据驱动的创新应用。通过异构集成技术将政府、企业、社会等多源异构数据汇聚，并与外部开放数据相融合，可以构建全域数据资源池，形成数字经济时代的“数据高速公路”。在金融科技领域，汇聚银行、保险、证券等机构的异构金融数据，对接政府的公共数据，可以形成全方位的风险画像，提升普惠金融的服务能力。在智慧城市建设中，集成政府部门、城市部件、网络平台的异构数据，构建全域数字孪生城市，可以实现精细化治理和智能化运行。在产业数字化转型过程中，打通供应链上下游企业的异构业务数据，融合外部市场和用户数据，可以提升企业供应链效率，实现精准营销和个性化服务。

（三）融合后的一致性处理

基于知识图谱和本体推理技术，人工智能系统能够深入理解不同数据源的语义内涵，识别其中的同义概念和关联关系，从而为数据融合提供坚实的语义基础。例如，在整合客户数据时，系统可以自动识别出“客户编号”“用户 ID”等字段的等价性，将其映射到统一的实体上，避免了概念歧义导致的数据冲突。

人工智能驱动的数据质量检测和修复机制能够自动发现并处理融合数据中的错误、冗余和不一致问题。深度学习算法可以通过对大量历史数据的训练，掌握数据的内在规律和分布特征，从而敏锐地识别出异常点和离群值。例如，在整合销售数据时，系统发现某一天的销售额是平均水平的 10 倍，就会自动标记为可疑数据并触发人工复核流程。同时，基于关联规则挖掘和因果推理技术，系统还能主动发现并修复数据间的逻辑矛盾，如将某个客户的年龄从 150 岁纠正为 50 岁。

人工智能技术还为数据融合提供了强大的身份解析能力。面对海量的实体数据，传统的确定性匹配算法往往难以发挥作用。而基于图神经网络的实体匹配模型，可以灵活地学习和融合多种匹配特征，如字面相似度、语义相似度、上下文相似度等，大幅提升模糊匹配的准确率。这使得系统能够自动识别出不同数据源中代指同一实体的多个记录，将其合并为一致的主记录。

知识增强型机器学习为数据融合后的一致性处理提供了有力支撑。一方面，领域知识库的引入能够为数据校验、补全提供可信的外部信息源。例如，在整合地址数据时，若某条记录缺失了城市信息，系统可以根据知识库自动推断和填充。另一方面，基于强化学习的数据治理优化机制能够持续评估和改进数据融合流程，动态调整数据处理策略，使之不断地向最优解靠拢。

四、数据压缩与存储优化

（一）压缩算法应用

当前，常用的压缩算法主要包括无损压缩和有损压缩两大类。无损压缩算法能够在不损失原始数据的前提下实现数据压缩，保证数据的完整性和可恢复性。常见的无损压缩算法有游程编码、哈夫曼编码、算术编码等。这些算法通过分析数据内部的重复模式和统计规律，将冗余信息去除，从而达到压缩的目的。无损压缩算法尤其适用于对数据准确性要求较高的场景，如文本文档、程序代码等。

与无损压缩算法不同，有损压缩算法在压缩过程中会舍弃一部分次要信息，导致一定程度的数据损失。但有损压缩的压缩率通常更高，能够获得更小的数据体积。常见的有损压缩算法包括离散余弦变换（DCT）、小波变换等，被广泛应用于图像、音频、视频等多媒体数据的压缩中。通过去除人眼和人耳难以察觉的冗余信息，有损压缩能在保证一定视听质量的同时，显著减小数据规模。

在实际应用中，压缩算法的选择需要权衡压缩率、压缩速度、数据质量等因素。对于不同类型的数据，适用的压缩算法也有所差异。例如，文本数据通常采用无损压缩算法，图像、音视频数据则更多地使用有损压缩算法。此外，压缩算法的性能也是评估其实用性的重要指标。一个优秀的压缩算法应该在获得高压缩率的同时，具有较快的压缩和解压速度，以满足实时处理的需求。

（二）存储系统优化

存储系统优化的核心在于采用分布式存储架构，利用多个存储节点协同工作，实现数据的分布式存储和并行处理。这种架构不仅能够有效提升数据存取的速度和吞吐量，还具有较强的可扩展性和容错能力。当数据量不断增长时，只需添加新的存储节点即可实现存储容量和处理能力的线性扩展。即便个别节点发生故障，也不会影响整个系统的可用性。分布式存储系统的设计需要综合考虑数据的分布策略、复制机制、一致性维护等关键因素，以实现存储资源的均衡利用和系统性能的最优化。

人工智能技术为存储系统优化带来了新的契机。通过机器学习算法，可以智能化地优化数据在不同存储节点之间的分布。系统能够根据数据的访问特征、热度变化等因素，动态调整数据的存放位置，将频繁访问的热点数据存储在高性能的设备上，而将冷门数据迁移至成本较低的设备中，从而在保证性能的同时降低存储成本。此外，人工智能还可以通过预测性缓存、智能数据压缩等技术进一步提升存储系统的效率。系统可以学习用户的访问模式，提前将可能被访问的数据加载到缓存中，减少数据读取的延迟。同时，采用智能化的数据压缩算法，还能在保证数据可用性的前提下最大限度地节省存储空间。

存储系统优化还需要兼顾数据安全和隐私保护。在分布式存储环境下，数据被分散存储在多个节点上，如何确保数据的机密性、完整性和可用性成为亟待解决的问题。传统的加密技术虽然能够保护数据不被非法访问，但在分布式场景下存在密钥管理复杂、计算开销大等缺陷。区块链技术为解决这一难题提供了新思路。通过将加密数据以区块的形式存储在分布式账本中，利用共识机制确保数据的一致性和不可篡改性，既保障了数据安全，又实现了多方的可信协作。同时，区块链与人工智能技术的融合也为数据隐私保护带来了新的可能。利用联邦学习、安全多方计算等技术，可以在不泄露原始数据的前提下实现数据的共享与协同分析，有效平衡数据利用与隐私保护之间的矛盾。

(三)备份与容灾策略

1.备份

备份通过对数据进行复制和存储，确保在系统故障、硬件损坏、人为失误等意外情况下，关键数据不会丢失。企业可以根据数据的重要程度，采取本地备份、异地备份、云备份等方式，实现数据的冗余和分散存储。同时，备份策略还需要考虑备份频率、备份时间窗口、备份介质等因素，以平衡数据安全性、备份成本和系统性能之间的关系。通过定期测试和演练，企业可以验证备份数据的完整性和可恢复性，确保备份策略的有效性。

2.容灾

容灾是在备份的基础上，进一步提升数据安全保障的能力。它旨在构建一套独立于生产系统的灾备环境，在主系统发生重大故障或灾难性事件时，能够快速接管业务，实现连续性运行。容灾系统通常部署在异地数据中心，与生产系统保持物理隔离和数据同步。一旦生产系统遭遇不可恢复的损毁，容灾系统就可以在最短时间内恢复关键业务功能，将数据损失和业务中断的风险降至最低。容灾策略的关键在于灾备资源的配置、数据同步机制的选择、故障切换的自动化程度以及容灾演练的定期开展。

人工智能技术为备份与容灾策略注入了新的活力。机器学习算法可以智能化地识别数据的重要性，自动调整备份策略和资源分配，提高备份效率和存储利用率。智能故障诊断和预测技术有助于在问题发生前主动预警，降低故障发生的概率。区块链技术则为备份数据提供了不可篡改、可追溯的安全保障，增强了数据的完整性和可信度。人工智能与传统备份、容灾技术的融合，为保证数据安全开辟了新的路径。

第二节　基于人工智能的数字经济数据分析方法

一、特征工程与特征选择方法

（一）特征提取技术

特征提取的首要任务是识别和筛选出与分析目标密切相关的特征。这需要数据分析人员深入理解业务场景和数据内涵，洞察数据背后的规律和模式。通过探索性数据分析，可以初步判断哪些特征对于问题的解决至关重要。例如，在客户流失预测中，客户的消费频率、消费金额、互动频次等特征通常与流失风险高度相关；在信用风险评估中，用户的收入水平、负债比例、信用历史等特征对于判断违约风险则至关重要。特征选择的准确性直接影响后续数据模型的性能和效果。

在识别关键特征后，往往需要对原始数据进行清洗和预处理。这包括缺失值填充、异常值处理、数据标准化等一系列操作。缺失值会导致样本信息不完整，影响数据质量和分析结果。常见的缺失值处理方法有删除、均值填充、回归填充等。异常值则是指明显偏离大多数观测样本的数据点，它们可能源自测量误差或样本的特殊性。异常值会扭曲数据的整体分布，对统计分析产生干扰。常用的异常值检测方法包括基于统计学的 3σ 原则、基于距离的局部离群因子（LOF）等。数据标准化能够消除不同量纲特征之间的影响，使得不同特征具有可比性。Z-score 标准化、Min-Max 标准化是两种常用的无量纲化处理方法。

在完成数据预处理后，需要根据特征类型和数据分布，设计合理的特征提取方法。对于数值型特征，可以考虑直接使用或构造衍生变量。例如，在购物篮分析中，可以根据商品的销售额和销量，衍生出客单价、复购率等新特征。对于类别型特征，通常需要进行编码转换，如 One-Hot 编码、序号编码等。对于文本、图像等非结构化数据，则需要采用更为复杂的特征提取技术，如词袋模型、主题模型、卷积神经网络等，从而将其转化为结构化的特征表示。

在特征提取过程中，还需要注重特征的可解释性和稳定性。可解释性强的特征能够让业务人员更好地理解数据背后的规律，提高决策的可信度。而特征的稳定性则关乎模型的泛化能力和鲁棒性。稳定的特征在不同的数据集上都能够保持一致的表现，减少过拟合的风险。因此，在选择特征提取方法时，既要考虑特征的区分度和信息量，也要权衡其业务意义和稳定性。

特征提取是数据分析的基础，它通过从原始数据中挖掘有效信息，为后续的建模和预测奠定基础。高质量的特征能够极大地提升模型的性能和效果，助力企业实现数据价值的最大化。在数字经济时代，掌握特征工程和算法选择的技能，对于数据分析人员而言至关重要。唯有不断地探索数据的内在规律，优化特征提取方法，才能在激烈的市场竞争中保持领先优势，用数据创造价值。

（二）特征选择算法

1. 过滤式方法

在诸多特征选择算法中，过滤式方法以其计算效率高、适用范围广等优势脱颖而出。过滤式方法基于特征本身的统计特性，利用特征与类别之间的相关性、特征之间的相关性等指标，对特征进行排序和筛选。常见的过滤式特征选择算法包括方差选择法、卡方检验、互信息法等。以方差选择法为例，它通过计算每个特征的方差，剔除方差较小的特征，保留方差较大、区分度高的特征。这种方法简单易行，计算开销小，特别适用于高维数据的预处理。

2. 包裹式方法

包裹式方法以特定学习器的性能为评价准则，通过搜索策略产生不同的特征子集，基于学习器的泛化误差来评估特征子集的优劣，最终选择泛化性能最优的特征子集。典型的包裹式特征选择算法有序列前向选择、序列后向消除、递归特征消除等。以序列后向消除为例，它先构建包含所有特征的模型，然后迭代地删除对模型贡献最小的特征，直至满足预设条件。包裹式方法充分考虑了特征子集与学习器之间的适配性，选出的特征更契合具体任务，但计算量大，容易引入过拟合风险。

3.嵌入式方法

嵌入式方法将特征选择与模型训练融为一体，在学习器训练过程中自动进行特征筛选，代表算法有L1正则化、决策树、深度学习等。以L1正则化为例，它在目标函数中引入L1范数作为惩罚项，使得部分特征权重趋于零，从而实现特征稀疏化。嵌入式方法巧妙地平衡了特征选择和模型学习，兼顾了数据精度和效率，在实践中得到了广泛应用。

无论采用何种特征选择算法，都要注意“没有免费的午餐”定理。算法的选择要根据具体的数据特点、任务需求和计算资源等因素综合权衡。在实际操作中，特征工程专家还需对数据进行探索性分析，洞察数据的内在规律，并将领域知识和经验融入特征选择的全流程，不断迭代优化，以求达到事半功倍的效果。

（三）特征转换与降维

研究者们开发了一系列特征转换与降维方法，旨在从原始高维数据中提取出最具代表性和区分度的低维特征，从而减轻计算负担，提升模型性能。

主成分分析（PCA）是最经典的线性降维技术之一。它通过正交变换将原始高维特征转化为一组与线性无关的低维特征，即主成分。这些主成分按照方差大小排序，前几个主成分通常能够解释原始数据的大部分方差。通过舍弃方差较小的主成分，PCA可以在保留数据核心信息的同时，大幅降低数据维度。除了降维，PCA还能用于数据可视化、噪声去除等任务。

独立成分分析（ICA）是另一种重要的特征转换技术。与PCA不同，ICA旨在寻找一组统计独立的隐变量，即独立成分。这些独立成分通常具有特定的物理意义，能够揭示数据内在的生成机制。ICA在盲源分离、特征提取等领域得到了广泛应用。例如，在脑电图信号处理中，ICA可用于从混合信号中分离出感兴趣的脑活动成分。

流形学习是一类非线性降维方法的总称。它基于一个假设，即高维数据通常分布在一个低维流形上。流形学习算法通过捕捉数据的局部几何结构，将高维数据映射到低维空间，同时保持数据点之间的邻域关系。典型的流形学习算法包括局部线性嵌入（LLE）、Isomap、Laplacian特征映射等。这些算法在图像识别、文本挖掘等领域表现出优异的性能。

近年来，深度学习的兴起为特征转换与降维技术注入了新的活力。自编码器（Autoencoder）作为一种无监督学习模型，能够通过重构损失函数学习到数据的低维表示。变分自编码器(VAE)更进一步引入了隐变量的概率分布,使得生成的低维表示具有更好的解释性。对抗自编码器(AAE)则利用生成对抗网络(GAN)的思想,通过对抗训练学习到更具鲁棒性的特征表示。

二、机器学习算法在数据分析中的应用

(一)监督学习算法在预测分析中应用

在数字经济的语境下,海量数据的产生为监督学习算法提供了丰富的"教材"。企业可以利用用户行为数据、交易记录、设备信息等,构建完整的特征集合和标签体系。在此基础上,监督学习算法通过反复训练,逐步揭示数据背后的内在规律和因果关系。这一过程不仅能够显著提升预测的准确性,更能够发现传统方法难以察觉的隐藏模式和趋势。

以客户流失预测为例,传统的统计模型往往局限于表面的人口统计学特征,如年龄、性别、地域等,忽略了客户行为的动态变化和个体差异。监督学习算法则能够全面考虑客户的历史交互记录,如购买频率、服务咨询、投诉反馈等,刻画其满意度和忠诚度的变化轨迹。通过学习大量历史案例,算法能够敏锐地捕捉到客户流失的早期信号,并及时预警,为企业的挽留策略提供可靠依据。

在金融风控领域,监督学习算法同样大放异彩。传统的信用评估模型往往依赖于有限的财务指标和个人信息,难以全面评估借款人的风险状况。监督学习算法则可以汇聚多源异构数据,包括借款人的社交网络、行为偏好、位置轨迹等,勾勒立体化的用户画像。通过学习海量的历史违约案例,算法能够揭示各类特征与违约风险之间的复杂关联,形成更加精准和全面的风险定价模型。这不仅能够帮助金融机构控制坏账损失,也能让优质借款人享受更优惠的信贷服务。

当然,监督学习在预测分析中的应用绝不局限于以上场景。在市场营销、需求预测、设备维护、医疗诊断等领域,监督学习算法都能够充分挖掘数据价值,提供精准、高效的预测服务。随着数据的持续积累和算法的不断进化,监督学习算法必将在数字经济的预测分析中扮演更加关键的角色。

但同时也要认识到,监督学习并非预测分析的"万金油"。一方面,监督学习算法的性能严重依赖于数据的质量和标注的准确性。如果训练数据存在偏差或噪声,算法很可能会学习到错误的模式,产生误导性的预测结果。另一方面,监督学习算法擅长发现相关性,但对因果关系的判断仍然不够稳健。在某些场景下,

相关性和因果性可能并不一致，盲目依赖算法输出可能会导致决策的偏差。

（二）无监督学习算法在模式识别中应用

聚类分析是无监督学习算法中最常见、最基础的任务之一。它旨在将相似的样本自动归入同一类别，而将不同类别的样本区分开来。常用的聚类算法包括K-均值聚类、层次聚类、密度聚类等。以K-均值聚类为例，算法首先随机选择K个样本作为初始聚类中心，其次计算每个样本到各个中心的距离，将其分配到距离最近的簇。最后更新每个簇的中心为该簇所有样本的均值向量。如此迭代，直至聚类中心不再发生明显变化。聚类分析在客户细分、社交网络分析、基因表达数据分析等领域都有广泛应用。

另一类重要的无监督学习算法是降维算法，如主成分分析和独立成分分析。在高维数据中，许多特征之间可能存在相关性，带来了数据冗余和计算负担。降维算法通过线性或非线性变换，将原始高维数据映射到低维空间，同时尽可能保留数据的本质结构和差异性。以PCA为例，它通过构造低维特征空间，使得样本在该空间投影后的方差最大化，从而实现降维过程。降维不仅能够简化数据、加速计算，还能去除噪声，揭示数据内在的主导模式。

近年来，随着深度学习的兴起，无监督学习算法也迎来了新的突破。自编码器作为一种无监督神经网络模型，通过编码器和解码器的组合，在数据压缩和重构过程中自动学习数据的高阶特征表示。变分自编码器进一步引入了概率模型，使得隐空间服从特定先验分布，增强了生成效果。生成对抗网络则由生成器和判别器组成，通过二者的博弈学习，生成器能够生成以假乱真的样本。这些深度无监督模型在图像生成、风格迁移、数据增强等任务中取得了令人瞩目的成果。

（三）强化学习在优化决策中应用

在强化学习的框架下，智能体扮演着决策者的角色。面对一个未知的环境，智能体需要通过反复试错来摸索最优行为策略。具体而言，智能体根据当前状态采取一个行动，环境对该行动做出反馈，并返回一个即时奖励和下一个状态。智能体以最大化长期累积奖励为目标，不断调整行为策略，以期在未来获得更大的回报。这个过程可以用马尔可夫决策过程来形式化描述，即下一个状态只取决于当前状态和当前行动，与历史状态和行动无关。

强化学习算法的核心是价值函数和策略函数的学习。价值函数表示某一状态或状态—行动对的长期累积奖励期望，反映了该状态或行动的优劣程度。策略函数则直接给出在某一状态下应采取的行动概率分布。常见的强化学习算法如Q-learning和SARSA通过更新价值函数来间接优化策略，而策略梯度方法如REINFORCE则直接在策略空间中进行梯度上升。近年来，深度强化学习将深度神经网络引入强化学习框架，极大地提升了强化学习的表示能力，拓展了适用范围。

在优化决策领域，强化学习的应用案例丰富而广泛。一个典型的例子是AlphaGo系列算法在围棋领域取得的惊人成就。通过大量自我对弈，AlphaGo掌握了围棋的高超技巧，并最终击败了人类顶尖棋手。这充分展示了强化学习在博弈问题中的优势。在自动驾驶领域，强化学习可用来训练无人驾驶车辆在复杂交通环境中的决策系统，如何在确保安全的前提下快速到达目的地。此外，强化学习还被广泛应用于智能交通调度、电网负荷优化、智慧医疗等领域，有效地提升了系统的智能化水平。

三、深度学习在大数据分析中的应用

（一）卷积神经网络（CNN）在图像处理中的应用

CNN的核心在于卷积层和池化层的设计。卷积层通过局部连接和权值共享，提取图像中的局部特征，如边缘、纹理等。通过逐层叠加卷积层，CNN能够逐步提取出图像的高级语义特征。池化层则通过下采样操作，实现特征的压缩和不变性增强。这种层次化的特征提取机制使得CNN能够有效应对图像中的尺度、旋转、平移等变化，具有较强的鲁棒性。

在实际应用中，CNN已经在图像分类、目标检测、语义分割等任务中取得了突破性进展。以图像分类为例，研究者设计了一系列经典的CNN模型，如AlexNet、VGGNet、GoogLeNet等，在ImageNet等大型图像数据集上实现了超越人类的分类精度。这些模型不仅证明了CNN强大的特征学习能力，也为后续的图像处理研究奠定了基础。

目标检测是CNN在图像处理中的另一个重要应用。基于区域建议和卷积特征的检测算法，如R-CNN、Fast R-CNN等，实现了对图像中目标的定位和识别。进一步地，YOLO、SSD等单阶段检测模型通过端到端的特征提取和预测，大幅提升了检测速度，使得实时目标检测成为可能。这些算法在自动驾驶、安防监控等领域得到了广泛应用。

在医学图像分析、遥感图像解译等专业领域，CNN也展现了卓越的性能。通过对医学影像数据的深度挖掘，CNN可以辅助医生进行疾病诊断和病灶定位，提高诊断的精准性和效率。在遥感领域，CNN在图像分类、变化检测等任务中的应用，极大地提升了遥感数据的分析和利用水平。

CNN强大的特征学习能力还使其在图像生成、风格迁移等任务中得到了应用。生成对抗网络作为CNN的延伸，通过生成器和判别器的对抗学习，可以生成逼真的图像样本，在图像修复、超分辨率重建等任务中都取得了惊人的效果。风格迁移则利用CNN提取图像的内容和风格特征，实现了将一幅图像的风格迁移到另一幅图像上的艺术效果。

（二）循环神经网络（RNN）在序列数据分析中的应用

RNN的核心思想是引入了一种循环机制，使得网络能够在处理当前时间步的输入时，利用之前时间步学习到的信息。具体而言，RNN在每个时间步都有一个隐藏状态，用于存储之前时间步的信息。当前时间步的输入与上一时间步的隐藏状态共同决定了当前时间步的输出和新的隐藏状态。通过这种循环连接的方式，RNN能够建模序列数据中的长期依赖关系。

在数字经济时代，海量的时间序列数据正在不断产生，如股票价格、销售数据、传感器数据等。传统的数据分析方法难以有效处理这些序列数据，而RNN为解决这一难题提供了新的思路。通过对历史数据的学习，RNN能够发现数据中的时间模式，进而对未来趋势进行预测。这对于企业决策、风险控制、资源优化等方面具有重要价值。

以股票价格预测为例，股价走势受到诸多因素的影响，呈现出复杂的非线性动态特征。RNN通过学习历史股价数据，能够捕捉价格波动背后的内在规律。基于对历史模式的理解，RNN可以对未来股价走势做出预判，为投资者提供决策参考。类似地，在销售预测、需求预估等场景中，RNN也能够通过历史销售数据、用户行为数据的分析，识别其中蕴含的周期性、趋势性等特征，从而实现对未来的准确预判。

除预测分析之外，RNN在异常检测、序列分类等任务中也有着广阔的应用前景。对于复杂的工业系统，RNN可以通过对设备运行数据的实时监控，及时发现异常情况，预防故障发生。在医疗领域，RNN可用于分析患者的病历数据，识别疾病发展的关键信号，辅助医生进行诊断和治疗。总之，RNN为时间序列数据的分析和挖掘开辟了新的道路，为数字经济的发展注入了新的动力。

（三）深度强化学习在复杂系统中的应用

深度强化学习的核心在于价值函数网络和策略网络的设计。价值函数网络用于估计某一状态或行为的长期回报，指导智能体做出最优决策。策略网络则直接学习状态到行为的映射关系，生成最优策略。这两类网络的结合，使得智能体能够在连续状态空间和行为空间中进行端到端的学习优化，无须人工设计特征和策略。

在具体应用中，深度强化学习展现出卓越的适应性和自学习能力。以自动驾驶为例，智能体需要在复杂多变的交通环境中实时作出最优决策，传统方法难以建模如此复杂的系统。而基于深度强化学习的自动驾驶系统通过海量的仿真训练和真实道路数据的自我学习，能够在识别障碍物、预测行人意图、规划最优路径等方面作出接近甚至超越人类水平的决策。

深度强化学习在机器人控制、智慧城市管理、金融投资决策等领域也取得了令人瞩目的成果。通过对环境的探索和学习，深度强化学习赋予了机器人更加灵活智能的运动规划和控制能力。在智慧城市管理中，深度强化学习可以学习和优化交通信号灯的配时方案、电网的能源调度策略等，大幅提升城市系统的运行效率。在量化投资领域，深度强化学习则可以根据海量的历史数据和实时市场信息，动态优化投资组合，控制风险，创造更高的收益。

四、数据可视化与结果解释技术

（一）数据可视化工具和技术

从技术层面来看，数据可视化综合运用了计算机图形学、人机交互、统计学等多学科知识，通过图形化的方式将数据中蕴含的规律、趋势和关联关系呈现出来。常用的可视化图表包括折线图、柱状图、饼图、散点图、热力图、树状图等，每种图表都有其适用的数据类型和分析场景。例如，折线图适合展示数据的变化趋势，柱状图适合比较不同类别的数据，散点图适合揭示变量之间的相关性。数据可视化工具则将这些图表与交互技术相结合，允许用户动态地探索和分析数据，大大降低了数据分析的门槛和难度。

从应用层面来看，数据可视化在数字经济时代的各个领域都得到了广泛应用。在商业领域，数据可视化帮助企业实现了精准营销、优化运营流程、预测市场趋势；在金融领域，数据可视化助力了风险监测、欺诈检测、投资决策；在制造领域，数据可视化为生产线优化、质量管控、设备维护提供了数据支撑；在医疗领域，数据可视化推动了疾病诊断、药物研发、健康管理的智能化发展。可以说，数据可视化已经成为驱动数字经济发展的重要引擎之一。

（二）交互式数据探索方法

借助交互式数据探索工具，用户能够以可视化的方式与数据直接“对话”，自主设定数据维度、调整数据粒度、切换数据视角，从而在探索过程中逐步构建对数据的全面认知。这种“边探索边学习”的交互模式，有效激发了用户的好奇心和探究欲，使其在润物无声中掌握数据分析的方法和技巧。同时，友好、直观的交互界面也大大降低了数据分析的门槛，让缺乏专业背景的普通用户也能轻松上手，体验数据探索的乐趣。

交互式数据探索的优势还体现在其灵活、个性化的特点上。不同于“千人一面”的传统数据报告，交互式数据探索鼓励用户根据自身需求动态调整数据维度和呈现方式。例如，在探索销售数据时，用户可以自主选择按产品类别、销售区域或时间段等维度对数据进行切片，形成个性化的数据视图。这种“私人定制”式的数据分析，能够最大限度地满足不同用户的差异化需求，提升数据分析的针对性和实效性。

此外，交互式数据探索还能显著强化用户对数据分析结果的理解和运用能力。与单向的数据展示不同，交互式探索鼓励用户积极思考数据背后的业务逻辑和关联关系，主动提出并验证分析假设。在这一过程中，用户能够建立起数据与业务之间的连接，加深对业务规律的认知，并积累数据分析的经验。这些宝贵的认知和经验，将成为用户日后开展数据分析工作的智力资本，为其在数字经济时代的职业发展奠定坚实基础。

（三）结果解释技术与模型可解释性

传统的机器学习模型如支持向量机、随机森林等，虽然在预测准确性上表现出色，但其内部工作机制往往是一个“黑箱”，无法为决策者提供明确、可信的解释。这种缺乏透明度的决策方式，不仅难以赢得用户信任，更可能带来潜在的风险和负面影响。

为了克服这一挑战，研究者开始致力于将可解释性引入机器学习模型。通过采用先进的结果解释技术，如LIME、SHAP等，可以揭示模型做出特定预测的关键特征和影响因素。这些技术基于对模型的局部近似或特征重要性分析，生成直观易懂的解释，如"该客户的贷款申请被拒绝主要是由于收入过低和信用记录不佳"。决策者通过解读这些解释，能够理解模型的判断依据，评估其合理性，进而作出更加明智的决定。

除了事后解释，将可解释性融入模型构建过程也是大势所趋。一些新兴的可解释模型如规则提取、因果推理等，在保证较高准确性的同时，生成的规则或因果图本身就具有很强的可读性和可解释性。例如，规则提取模型可以从复杂的神经网络中提炼出一系列 if-then 形式的规则，供决策者参考。这种"可解释性优先"的建模范式，使得模型的内部逻辑更加透明，大大提升了人机互信和协作的效率。

可解释性的引入，也为决策制定注入了新的活力。传统的决策支持系统往往只能提供单一的建议，缺乏足够的灵活性。而融入可解释性的智能系统则能根据不同情景动态调整决策方案，并给出合理的理由。例如，在制定营销策略时，系统不仅可以推荐"在X地区投放Y类广告"，还能解释"因为X地区消费者偏好Y类产品，且当前市场竞争程度较低"，帮助决策者更全面地权衡利弊，作出最优选择。

第三节　人工智能在数字经济创新发展中的应用

一、人工智能在数字经济创新中的技术驱动

(一)创新技术的角色认知

具体而言，人工智能在数字经济创新中的推动作用主要体现在以下方面：一是人工智能技术显著提高了数字经济的效率和质量。机器学习、自然语言处理、计算机视觉等AI技术的进步，使得海量数据的处理效率大幅提升，复杂问题的解决能力显著增强，从而推动数字经济各领域的效率和质量水平不断提高。二是人工智能催生了数字经济的新业态和新模式。人工智能在语音交互、智能客服、个性化推荐等方面的应用，催生了一批新的数字经济业态，重塑了企业的服务模式和运营模式。三是人工智能为数字经济注入了强大的创新动力。人工智能作为

新一轮科技革命和产业变革的核心驱动力，不断为数字经济发展带来新的技术突破和商业机会，成为数字经济创新的重要源泉。

当然，人工智能在数字经济创新中的推动作用是多方面、多维度的，远不止上述几点。随着人工智能技术的不断进步，其应用领域和场景也在不断拓展，对数字经济创新发展的影响将更加深远。然而，我们也应看到，人工智能技术本身仍处于发展的初级阶段，在算法性能、数据质量、伦理安全等方面还面临诸多挑战。这就需要我们在推动人工智能发展的同时，加强基础研究，优化发展环境，促进人工智能在数字经济中的健康、可持续应用。

（二）人工智能技术在创新实践中的应用

人工智能技术能够有效解决传统创新过程中的效率瓶颈。在新产品研发、工艺优化、质量控制等环节，引入人工智能算法可以大幅提高数据处理和分析效率，缩短创新周期，降低试错成本。通过对海量数据进行智能化挖掘和分析，人工智能能够发现人力难以捕捉的规律和趋势，为创新决策提供科学依据。

人工智能技术还能拓展创新的广度和深度。借助人工智能的感知、认知、决策等能力，许多前沿领域的创新探索得以加速推进。例如，在药物研发领域，人工智能可以精准预测分子结构与药效的关系，大幅提高新药筛选的效率和成功率。在材料科学领域，人工智能可以模拟并优化材料的微观结构，加速新材料的发现和应用。这些突破性的进展都彰显了人工智能在推动科技创新方面的巨大潜力。

二、人工智能在数字经济创新中的产业链重构

（一）产业链的演变背景

人工智能以其强大的数据处理、分析预测和决策优化能力，为产业链重构提供了新的思路和方法。通过应用人工智能技术，企业可以实现产业链各环节的智能化升级，提高效率、降低成本、创造价值。在供应链管理领域，人工智能可以优化库存管理、需求预测、物流配送等环节，实现供应链的敏捷响应和精益管理。在生产制造环节，人工智能赋能智能工厂，通过机器视觉、自然语言处理等技术实现设备的智能监控和故障预警，提高生产效率和产品质量。在营销服务环节，人工智能可以精准把握用户需求，提供个性化推荐和智能客服，提升用户体验和品牌忠诚度。

人工智能还为产业链的纵向整合和横向协同提供了新的可能。传统的产业组织模式往往存在信息孤岛和壁垒,难以实现产业链上下游的有效协同。而人工智能可以打通数据壁垒,实现产业链各主体之间的信息共享和业务协同,推动产业生态的融合发展。例如,在智慧农业领域,人工智能可以连接农业生产、加工、物流、销售等环节,实现农产品从田间到餐桌的全链条优化,提高农业产业链的整体效能。

此外,人工智能还是产业链重构的重要驱动力之一。人工智能的快速发展和应用,催生了一批新兴产业和业态,如智能制造、无人驾驶、智慧医疗等,重塑了传统产业的发展路径和商业模式。这些新兴领域的兴起,促使产业链不断延伸和拓展,形成新的增长点和竞争优势。同时,人工智能也加速了不同产业之间的跨界融合和协同创新,推动产业链向更高层次、更高水平演进。

(二)人工智能在产业链重构中的核心作用

在供应链管理环节,人工智能算法可以优化物流配送路径、预测市场需求,实现供应链的实时响应和精准决策。在销售服务环节,智能客服、个性化推荐等应用,能够为消费者提供更加便捷、高效、贴心的服务体验。人工智能与产业链各环节的深度融合,使得传统的线性产业链向网状、立体化的产业生态系统转变,各主体之间的协同效率不断提升,新的价值创造机会不断涌现。

人工智能还催生了诸多新业态、新模式,成为数字经济发展的新引擎。一方面,人工智能使得许多全新的产品和服务成为可能,如无人驾驶、智能医疗、智慧城市等,这些创新应用不仅能够满足人们日益增长的个性化、多样化需求,更能够解决传统行业的痛点和难题,带来显著的社会效益。另一方面,人工智能平台经济正在兴起,依托海量数据、算力和算法,平台企业能够汇聚各类创新资源,撮合供需双方,提供精准匹配服务,极大地提升资源配置效率。特别是在新冠疫情的冲击下,平台经济展现出强大的韧性和活力,为经济复苏提供了重要动力。

(三)人工智能赋能产业链创新的案例研究

1. 制造业领域

人工智能技术的应用正在催生全新的智能制造模式。以某家电制造企业为例,该企业通过引入人工智能技术,实现了从产品设计、生产制造到售后服务的全流程智能化升级。在产品设计环节，该企业利用人工智能算法分析海量用户数据，精准把握消费者需求，开发出更加贴近市场的产品。在生产制造环节，该企业应用机器视觉、工业机器人等技术，建立起柔性化、智能化的生产线，大幅提升生产效率和产品质量。在售后服务环节，该企业基于自然语言处理、知识图谱等技术，搭建起智能客服系统，实现 7×24 小时不间断服务，显著提升了用户体验。可以看到，人工智能技术的应用使得这一家电制造企业的产业链实现了全方位的创新升级，形成了数据驱动、智能协同、柔性高效的全新业态。

2. 农业领域

人工智能正在重塑传统农业的生产方式和组织模式。某农业科技公司利用人工智能技术，建立起集监测、预警、决策于一体的农业智能管理平台，为农户提供精准化、智能化的农事指导服务。通过在田间地头部署物联网传感设备，该平台可实时采集土壤湿度、光照强度、空气温湿度等环境数据，利用机器学习算法对数据进行分析挖掘，精准预测病虫害发生趋势，提前向农户发出预警，指导其采取针对性的防治措施。同时，该平台还可基于作物生长模型，综合考虑天气条件、土壤肥力等因素，为农户提供科学的施肥、灌溉方案，实现农田的精细化管理。在人工智能技术的加持下，这一平台打通了农业产前、产中、产后环节，促进了种植、管理、销售等业务的协同优化，带动整个农业产业链实现了智能化、精细化升级，有力地提升了农业生产效率和经济效益。

3. 零售业领域

人工智能正在重塑传统零售业态，孕育全新的智慧零售模式。某电商巨头通过发力人工智能，实现了线上线下零售渠道的深度融合，构建起以消费者为中心的全渠道智慧零售生态圈。在线上，该公司利用机器学习算法分析消费者的浏览、购买行为，实现千人千面的个性化推荐，提升销售转化率。在线下，该公司打造了无人超市、智慧门店等创新业态，利用人脸识别、语音交互等黑科技，为消费者营造了高效便捷、沉浸体验的购物环境。此外，该公司还将线上线下数据打通，实现全域数据共享，并基于人工智能技术对数据进行智能分析，优化商品采购、库存管理、物流配送等各个环节，形成了敏捷高效的供应链体系。人工智能技术的应用，使得这一电商巨头重构了传统的商品、用户、场景割裂的零售模式，实现了人、货、场的高度融合，催生出以用户体验为核心的全新零售业态。

三、人工智能在数字经济创新中的市场需求分析

(一)市场需求分析的重要性

数字经济时代,市场需求呈现出前所未有的多样性、个性化和动态性特征。消费者对产品和服务的要求不断提高,对体验的追求日益强烈。面对瞬息万变的市场环境,企业唯有依托人工智能技术,实时收集和分析海量的用户行为数据,捕捉转瞬即逝的市场机遇,才能在激烈的竞争中立于不败之地。

人工智能赋能的市场需求分析,能够帮助企业全方位、多维度地描绘用户画像,深度挖掘用户需求。通过机器学习算法,企业可以从浩如烟海的数据中发现隐藏的营销模式和用户消费趋势,揭示消费者的偏好特征、决策习惯等宝贵信息。这些洞见不仅有助于企业优化既有产品和服务,更能激发企业全新的创意灵感,孕育出引领未来的颠覆性创新。

此外,人工智能驱动的需求预测能力,正在成为数字经济时代企业制胜的关键要素。借助神经网络等先进算法,企业能够基于历史销售数据和外部影响因素,对未来一段时期的市场需求进行较为准确的预判。这不仅可以帮助企业合理安排生产计划、优化资源配置,降低运营成本和库存风险,也能为把握市场先机、抢占发展制高点提供有力支撑。

(二)人工智能在市场分析中的具体应用

在市场细分与定位方面,人工智能算法能够综合分析消费者的人口统计学特征、购买行为、偏好等多维度数据,识别出具有相似特点的消费者群体,帮助企业锁定目标市场,实现精准营销。同时,基于机器学习的预测模型能够根据历史销售数据、市场环境变化等因素,对不同细分市场的需求进行预测,为企业的生产计划和库存管理提供参考。

在竞争情报分析领域,人工智能技术的应用使企业能够全方位监测竞争对手的动向。通过对竞争对手的官网、社交媒体、新闻报道等公开数据进行抓取和分析,人工智能系统能够自动提取关键信息,如新产品发布、市场策略调整等,帮助企业及时洞察竞争格局的变化。知识图谱等技术还能揭示竞争对手在专利布局、技术研发等方面的战略,为企业提供更加全面的情报支持。

在消费者洞察方面,人工智能正在颠覆传统的市场调研模式。以自然语言处

理为代表的人工智能技术能够对消费者在社交媒体、电商平台、客服系统等渠道产生的海量非结构化数据进行分析，提取关键词、情感倾向等信息，形成对消费者偏好、痛点、满意度等方面的洞察。相比于传统的问卷调查和焦点访谈，这种基于实际消费场景数据的分析能够更加真实、立体地反映消费者的真实想法。

此外，人工智能驱动的个性化推荐系统已经成为企业提升用户体验、挖掘销售机会的利器。协同过滤、基于内容的推荐等算法能够根据用户的历史行为和偏好，实时生成个性化的产品推荐，大大提升用户的转化率和客单价。而基于强化学习的推荐系统还能根据用户的实时反馈不断优化推荐策略，进一步提升推荐的精准度和有效性。

四、人工智能在数字经济创新中的人才培养与教育

（一）人才培养的现状与需求

从知识结构来看，数字经济时代对人才的知识广度和深度提出了更高要求。一方面，数字经济的发展涉及计算机科学、信息技术、数学、经济学、管理学等学科领域，要求人才具备扎实的跨学科知识基础。另一方面，数字经济的快速迭代更新，要求人才能够紧跟技术前沿，不断更新知识体系，深入钻研前沿技术。因此，为培养数字经济时代的人才，需要建立起完善的跨学科培养体系，强化学生的知识迁移和融合能力，提升其知识更新和创新能力。

从能力素质来看，数字经济时代对人才的创新创业能力、数字化能力、跨界整合能力等提出了更高要求。在数字经济时代，创新已成为引领发展的第一动力。这就要求人才具备敏锐的创新意识、过硬的创新能力和勇于创业的精神品质。同时，数字化已渗透到社会生产生活的方方面面。无论是数据分析、智能算法，还是数字内容创作、数字化管理，都需要人才具备较高的数字化素养和实践能力。此外，数字经济的发展还呈现出跨界融合的趋势，不同领域、不同行业之间的边界日益模糊。这就要求人才能够跨界思考，整合多领域知识，探索创新性解决方案。因此，在人才培养过程中，需要注重创新创业教育，加强数字化能力培养，强化跨学科、跨领域的整合实践能力。

从价值理念来看，数字经济时代对人才的家国情怀、使命担当、诚信品格等提出了更高要求。在数字经济时代，网络空间已成为意识形态斗争的主战场。敌对势力通过网络渗透、文化渗透，企图动摇我国意识形态根基。这就要求人才具备

深厚的家国情怀，坚定理想信念，自觉传播正确的价值观，守护网络意识形态安全。同时，数字经济发展也面临着数据安全、个人隐私等风险挑战。这就要求人才强化使命担当，勇于攻坚克难，为保障数字经济安全、推动数字经济健康发展贡献智慧和力量。此外，诚信是数字社会的基石。算法偏见、数据造假等失信行为，将严重损害数字经济秩序。因此，在人才培养过程中，需要加强诚信教育，提升人才的道德操守，锤炼诚实守信的优良品格。

（二）人工智能人才培养的方法与路径

立足新工科建设，推动AI专业内涵发展是培养数字经济创新型人才的关键。新工科以立德树人为根本，以服务国家战略需求为导向，强调工程教育与新兴技术的深度融合。在AI专业建设中，高校应该主动对接数字经济发展需求，及时更新教学内容，重构课程体系，使专业内涵与时俱进。例如，可以增设机器学习、知识图谱、自然语言处理等前沿课程，加强大数据、云计算、区块链等新兴技术在AI领域的应用教学，培养学生对数字经济发展的敏锐洞察力和技术创新力。

构建产学研协同育人机制，打造开放共享的创新生态是提升AI人才培养质量的有效途径。数字经济时代，AI技术的迭代速度越来越快，产业应用场景不断拓展。高校必须主动走出象牙塔，积极链接行业企业，与科研院所协同发力，建立常态化、多层次、全方位的合作育人机制。通过共建联合实验室、联合研发中心等，高校可以获得真实的应用场景和海量的数据资源，学生可以参与前沿技术攻关和产品研发，在解决实际问题中快速成长。同时，借助行业专家和企业导师的力量，高校可以优化人才培养方案，促进理论教学与实践应用的深度融通。

建设高水平师资队伍，完善“双师型”教师培养体系是夯实AI人才培养基础的必由之路。教师是人才培养的中坚力量，教师素质直接影响人才培养质量。在AI领域，高校应致力于打造一支理论功底扎实、实践经验丰富、教学水平精湛的“双师型”教师队伍。一方面，要不断提高教师的学术理论水平，鼓励教师深入一线科研，攻克技术难题；另一方面，要强化教师的工程实践能力，支持教师到企业挂职锻炼，参与重大项目研发。学校还可以引进海内外高层次AI人才，为教师搭建学术交流平台。通过“传帮带”机制，帮助青年教师快速成长，形成梯次合理、专兼结合的师资队伍。

探索项目式、场景式教学模式，以赛促学、以赛促教是提高AI人才创新实践能力的重要抓手。面向数字经济的人工智能教育，必须坚持产出导向，注重学生实践创新能力的培养。在教学过程中，教师应该充分运用项目式、场景式教学，设计贴近行业应用的实践项目，引导学生在真实任务驱动下，将所学知识用于解决问题。学校可以联合行业龙头企业，发起校企联合毕业设计，鼓励学生参与企业的创新项目和工程实践。此外，积极组织学生参加国内外各类 AI 赛事，如 KDD-CUP、ImageNet 竞赛等，可以检验教学效果，激发学生的竞争意识和创新潜力，引领教学方法不断更新。

(三)教育模式的革新

从教学内容设计的角度来看，人工智能技术可以帮助教师更加精准地把握学生的学习特点和知识掌握情况，从而有针对性地调整教学内容和进度。通过智能学习平台的大数据分析，教师能够及时发现学生在学习过程中遇到的困难和问题，并提供个性化的辅导和指导。同时，人工智能还能够根据学生的兴趣爱好和认知水平，智能推荐合适的学习资源和拓展材料，激发学生的学习动机，培养其自主学习的能力。

从教学方法创新的角度来看，人工智能技术为实现因材施教、个性化教学提供了有力支撑。借助智能教学系统，教师可以根据学生的学习风格和接受能力，灵活调整教学策略和方法，实现“千人千面”的个性化教学。例如，对于学习能力较强的学生，系统可以提供更具挑战性的任务和项目，鼓励其进行探究性学习和创新实践；对于学习基础较弱的学生，系统则可以提供更多的练习机会和即时反馈，帮助其巩固基础知识，提高学习效率。

从实践教学改革的角度来看，人工智能技术为构建沉浸式、交互式的学习环境提供了新的可能。通过虚拟现实、增强现实等技术手段，学生可以身临其境般体验各种真实情境，加深对理论知识的理解和运用。例如，在工程专业的教学中，学生可以通过虚拟仿真技术，亲身参与复杂工程项目的设计、建造和运营过程，提高自身动手实践能力和创新意识。再如，在医学专业的教学中，学生可以利用人工智能系统，反复演练各种手术操作和临床诊断，强化临床技能，降低误诊风险。

从教学评价改革的角度来看，人工智能技术有助于建立更加科学、客观的评价体系。传统的考试评价方式往往注重结果而忽视过程，难以全面衡量学生的综合素质和创新能力。人工智能则可以通过持续跟踪学生的学习行为和过程性数据，动态评估其知识掌握情况和能力提升水平，形成多维度、全方位的发展性评价。这种评价方式不仅能够为教师提供及时反馈，优化教学决策，更能够引导学生正确认识自身的优势和不足，调整学习策略，促进自我完善。

第三章　人工智能在数字经济安全中的应用

第一节　人工智能在数字经济网络安全中的应用

一、人工智能在网络攻击检测中的应用

(一)负载分析技术

机器学习算法可以自动从海量的网络流量数据中提取特征,学习正常流量和异常流量的模式。通过不断训练和优化,机器学习模型能够越来越准确地识别出各种类型的异常流量,如 DDoS 攻击、扫描探测、蠕虫病毒等。与传统方法相比,基于机器学习的异常检测具有更强的自适应性和泛化能力,能够发现未知的攻击类型,减少误报和漏报。

在实际应用中,常用的机器学习算法包括支持向量机(SVM)、决策树、随机森林、神经网络等。这些算法可以根据网络流量的各种属性,如包的大小、异常流量持续时间、协议类型等,构建多维特征向量,并通过对已标记样本的学习,建立起异常流量的分类模型。一旦模型训练完成,就可以用于实时分析和检测网络流量,及时发现可疑活动。

以基于深度学习的异常检测为例,研究人员提出了一种基于自编码器的无监督学习方法。该方法首先利用正常流量数据训练一个自编码器网络,使得其能够较好地重建输入。其次,将待测流量输入训练好的自编码器,计算其重建误差。由于异常流量的模式与正常流量差异较大,其重建误差往往较高,由此实现异常流量的检出。

除了分类和无监督检测,人工智能在异常流量的解释和可视化方面也大有可为。传统的异常检测系统通常只能给出黑盒式的结果,而利用可解释的机器学习技术,如规则提取、特征重要性分析等,可以从检测模型中提取出人类可理解的判别规则和关键特征。这不仅有助于安全人员及时分析和处置异常,也能为模型的持续优化提供依据。此外,机器学习驱动的可视化技术,可以直观而动态地展示网络流量的模式,为异常分析和态势感知提供新的视角。

(二)异常检测算法

在异常检测算法的设计中，特征工程是关键的一环。工程师需要从网络流量、系统日志、应用程序行为等维度提取有效特征，并进行必要的特征选择和降维处理。常用的特征包括流量统计特征（如包的大小、异常流量持续时间）、协议特征（如 TCP 标志位）、内容特征（如 HTTP 请求头）等。特征的质量直接影响检测算法的性能，因此需要专业的领域知识和反复的实验验证。

在特征准备就绪后，工程师可以采用多种机器学习算法构建异常检测模型，如支持向量机、隔离森林（Isolation Forest）、局部异常因子（LOF）等。这些算法从不同角度刻画了“异常”的数学特征，如密度、距离、容易度等，通过在正常数据上训练，它们能够自动识别偏离正常模式的异常行为。值得一提的是，无监督学习算法在异常检测任务中尤为重要，因为收集大量已标记的异常样本通常很困难，无监督学习能够仅基于正常数据学习异常特征，大幅降低样本标注的成本。

机器学习异常检测算法在工业界已有广泛应用。例如，某大型互联网企业采用基于深度学习的异常检测系统，实时分析数百万台服务器、数千个业务的海量指标数据，有效识别了多起异常事件，如硬件故障、系统 bug、恶意攻击等，避免了重大经济损失。该系统采用了长短期记忆（LSTM）神经网络学习多变量时间序列的正常模式，一旦发现显著偏离正常的异常点或片段，就自动报警，通知管理员处理。实践表明，该系统能够在不增加人力的情况下，将异常发现的时间从数小时缩短至数分钟，检测的准确率超过 95%。

二、人工智能在网络威胁情报分析中的应用

(一)情报数据挖掘

人工智能可以通过机器学习算法，自动从各类开源和商业情报源中获取网络威胁数据。这些情报源包括安全厂商报告、漏洞数据库、黑客论坛、社交媒体等，蕴藏着大量有关最新攻击手段、攻击目标、攻击者属性的线索。传统的人工收集方式难以全面覆盖如此广泛的情报源，且耗时耗力。而机器学习算法可以持续不断地监测这些渠道，一旦发现疑似威胁信息，即可迅速获取并存入情报数据库进行后续分析。

人工智能还可以运用自然语言处理技术，对获取到的非结构化威胁数据进行

语义理解和提炼。网络威胁情报通常以非结构化的文本形式存在，如安全事件描述、攻击者留言、恶意代码分析报告等。这些文本数据虽然包含丰富的情报信息，但由于缺乏固定格式，难以直接利用。运用自然语言处理技术，人工智能可以自动抽取文本中的关键信息要素，如攻击时间、攻击者IP、攻击目标、漏洞信息等，将非结构化数据转化为结构化的情报记录，便于后续的关联分析和数据挖掘。

人工智能可以充分利用知识图谱技术，揭示不同网络威胁情报数据之间的内在联系。网络威胁情报的一大特点是高度关联性，单个情报数据很难反映攻击事件的全貌，必须将多个情报数据有机连接起来，才能还原完整的攻击链。传统方法主要依靠安全分析师的经验和直觉，手工梳理情报数据的内在逻辑。这种方式不仅耗费大量人力物力，而且很难全面挖掘复杂的关联关系。运用知识图谱技术，人工智能可以自动发现不同情报数据之间的联系，例如相同攻击者实施的一系列攻击、针对特定漏洞的多起攻击事件等，从而帮助安全分析师快速厘清攻击脉络，预判攻击趋势。

人工智能还能够持续优化网络威胁情报数据的管理和应用模式。一方面，机器学习算法可以不断从反馈数据中学习，改进情报获取策略，提高情报数据的质量和时效性。另一方面，深度学习算法可以从历史数据中自主学习威胁演化规律，自动生成检测规则和防御策略，指导安全设备快速响应新型威胁。与此同时，自然语言生成技术可以将复杂的威胁情报数据转化为直观易懂的可视化报告，帮助管理层全面掌握当前的网络安全态势。

（二）威胁预测模型

构建网络威胁预测模型需要海量的历史数据作为基础。这些数据包括已知的网络攻击事件、恶意软件特征、漏洞信息等。通过对这些数据进行清洗、标注和特征工程处理，可以得到高质量的训练数据集。在此基础上，研究人员可以尝试采用不同的机器学习算法，如决策树、支持向量机、神经网络等，训练出性能优越的威胁预测模型。随着深度学习技术的不断突破，一些先进的神经网络架构，如循环神经网络、长短期记忆网络等，在处理时序数据方面展现出卓越的性能，非常适用于网络威胁预测场景。

网络威胁预测模型的效果评估和优化至关重要。研究人员需要采用科学的方法论，通过留出验证、交叉验证等技术，客观评估模型的预测准确率、召回率、F1值等关键指标。同时，还要重视模型的鲁棒性和泛化能力，确保其在面对未知攻击时仍能保持良好的预测效果。此外，模型的可解释性也不容忽视。单纯追求预测准确率而忽视模型决策过程的透明度，容易导致“黑箱”效应，给模型的实际应用带来隐患。因此，研究人员应积极探索可解释性机器学习技术，如注意力机制、知识蒸馏等，力求在提高模型性能的同时，增强其可解释性和可信度。

将威胁情报融入预测模型是大势所趋。网络威胁情报包括恶意 IP 地址、域名、文件哈希等多种类型，蕴含着攻击者的战术、技术和程序（TTPs）信息。这些情报如果能与机器学习模型有机结合，将极大提升威胁预测的精准度和实效性。例如，可以将情报数据作为附加特征输入模型训练，完善威胁信息；又如，可以利用情报构建知识图谱，通过图神经网络等技术挖掘不同威胁事件之间的关联，从而预测攻击链的下一步动向。将威胁情报与机器学习模型融合，是网络安全智能化发展的必由之路。

网络威胁预测模型的实践部署和运营也面临诸多挑战。模型既要能够实时、高效地处理海量的网络流量数据，又要尽可能降低误报率，减少安全运营团队的失误排查成本。这对算法工程师的代码能力和系统优化水平提出了很高要求。同时，模型的版本迭代、数据增量训练等更新流程也需要标准化和自动化，确保线上预测服务的连续性和稳定性。另外，预测模型只是网络安全防御体系的一环，如何将其预测结果与各种安全设备、监控系统、工单流程进行无缝集成，触发恰当的人机协同响应动作，也是一个富有挑战的课题。总之，网络威胁预测模型要真正发挥出应有的价值，还需在 AI 技术、工程实践、安全运营等方方面面下足功夫。

三、人工智能在网络安全事件响应中的应用

（一）自动化响应流程

人工智能驱动的自动化响应流程是网络安全事件处置的关键。通过机器学习算法，可以从海量的网络安全日志和数据中快速识别可疑行为模式，实现对安全事件的早期预警。一旦检测到潜在威胁，人工智能系统就能够自动触发预设的防御措施，如隔离受感染主机、封堵恶意流量、修改防火墙规则等，最大限度地减少威胁的进一步扩散和危害。

深度学习等人工智能技术在网络安全态势感知中大有作为。通过分析全网络环境中各种设备、应用、用户行为的相关数据，人工智能能够动态刻画系统整体安全状况，洞察安全态势的发展趋势。基于此，安全管理人员可以及时调整防御策略，合理配置安全资源，从被动防御转向主动防御。

此外，人工智能还是网络安全应急响应决策的得力助手。面对复杂多变的攻击场景，安全人员往往需要在极短时间内做出正确决策。人工智能可以通过推理分析，提供多种可行的应对方案，并基于环境参数动态优化响应策略。这不仅减轻了安全人员的决策压力，也提高了应急处置的时效性和可靠性。

（二）决策支持系统

构建网络安全决策支持系统是人工智能辅助网络安全决策的关键。这一系统以机器学习算法为核心，通过对海量网络安全数据的挖掘和分析，从中提炼出有价值的威胁情报和防御策略，为安全管理者的决策提供参考依据。其基本流程包括数据采集、数据预处理、特征工程、模型训练、模型评估等环节。其中，数据采集和预处理环节负责收集和清洗原始的网络安全数据，为后续分析奠定基础；特征工程环节是从原始数据中提取出能够反映威胁特征的关键指标，为机器学习模型的训练提供输入；模型训练环节利用先进的机器学习算法，如神经网络、支持向量机等，从大量历史数据中学习威胁的特征模式；模型评估环节则是对训练好的模型进行测试，评估其检测和预测威胁的准确性。通过这一系列流程，网络安全决策支持系统能够高效、准确地发现潜在威胁，预测攻击趋势，并提出针对性的防御决策建议。

人工智能辅助网络安全决策的一个重要应用场景是自适应安全策略的生成。在传统的网络安全防御中，安全策略通常由人工设置，难以适应复杂多变的网络环境。而通过人工智能技术，系统可以根据网络环境的实时变化，自主调整安全策略，实现动态、精准的防护。例如，系统通过对网络流量的实时监测和机器学习分析，发现某一 IP 地址存在异常行为，及时将其加入黑名单，阻断可疑流量；同时还可根据用户行为模式的变化，动态调整访问控制策略，有效平衡安全性和便捷性。通过自适应安全策略的生成和执行，网络系统能够在复杂威胁环境中保持最佳的防护状态，大幅提升整体安全性。

网络安全态势感知是人工智能辅助网络安全决策的另一重点方向。网络安全态势感知旨在宏观把握整个网络的安全状况，洞察安全事件的来龙去脉，预判未来的发展趋势。这对于制定网络安全总体战略、合理配置防御资源至关重要。传统的网络安全态势感知主要依赖人工分析，存在效率低、主观性强等不足。而借助人工智能技术，可以通过机器学习算法对海量异构的安全数据进行关联分析，快速、客观地刻画出网络安全全景图。一方面，通过对告警事件、脆弱性信息、威胁情报等数据的综合分析，系统可准确评估当前网络面临的安全风险，识别关键薄弱环节。另一方面，通过对安全事件发生的时间序列、逻辑关联进行深度挖掘，还可揭示攻击事件的演化规律，预判未来的发展趋势。基于这些态势感知结果，安全人员能够制定出更加全面、前瞻的防御策略，最大限度降低安全风险。

四、人工智能在网络安全漏洞挖掘中的应用

（一）漏洞识别技术

1. 机器学习

机器学习是人工智能在漏洞识别中的主要应用方向之一。通过对已知漏洞数据进行学习和训练，机器学习模型能够自动提取漏洞的特征模式，并用于识别新的未知漏洞。常用的机器学习算法如支持向量机、决策树、随机森林等，都在漏洞识别任务中取得了良好的效果。例如，研究人员利用SVM算法训练了一个漏洞分类模型，该模型在识别SQL注入、跨站脚本（XSS）等常见Web漏洞类型时，准确率高达95%以上。这表明，机器学习能够有效捕捉漏洞的本质特征，实现高效准确的自动化识别。

2. 深度学习

深度学习作为机器学习的一个分支，以其卓越的特征提取和表示能力，在漏洞识别领域展现出更大的潜力。卷积神经网络、循环神经网络等深度学习模型，能够直接处理原始的代码数据，无须人工设计特征，大大简化了漏洞识别流程。同时，深度学习模型还能够捕捉代码中的语义信息和上下文关系，识别出更加隐蔽和复杂的漏洞模式。如一项研究利用基于RNN的漏洞检测模型，在Android应用程序漏洞数据集上进行测试，结果显示该模型的漏洞检出率达到了98%，远超传统方法。可见，深度学习为进一步提升漏洞识别的智能化水平提供了新的可能。

3. 图像识别技术

图像识别技术的引入，也为漏洞识别研究带来了新的思路。通过将代码转化为图像表示，如控制流图（CFG）、数据流图（DFG）等，研究人员能够充分利用图像识别领域的先进成果，如CNN等模型，来分析和识别代码图像中的漏洞模式。这种创新方法不仅增加了漏洞识别的技术路线，也为跨领域知识的融合应用探索了新的方向。例如，有研究团队提出了一种基于图像识别的智能漏洞检测框架，先

将程序代码转化为RGB图像，然后利用预训练的CNN模型进行图像分类，实现对缓冲区溢出、整数溢出等内存损坏类漏洞的精准识别。实验结果表明，该方法在多个漏洞数据集上的识别准确率均超过了90%，展现出良好的漏洞检测效果。

（二）模糊测试优化

在测试用例生成方面，机器学习算法可以通过分析已有测试用例和程序行为特征，自动学习并构建更加多样化、更具针对性的测试用例。相比人工设计，机器学习生成的测试用例往往覆盖更全面，且更容易触发程序潜在的缺陷和漏洞。同时，智能优化算法如遗传算法、蚁群算法等也可用于指导测试用例的生成，通过不断迭代优化，快速检索到最优的测试用例集合。

在异常行为检测方面，深度学习技术可以建立程序行为的正常模型，通过实时监测和比对程序行为，及时发现违背常规模式的异常行为。相比传统的基于规则或启发式的异常检测方法，基于深度学习的方法具有更强的泛化能力和鲁棒性，能够应对复杂多变的程序行为，降低误报和漏报的风险。

在测试结果分析方面，自然语言处理和知识图谱等技术可以辅助分析程序日志、错误信息、用户反馈等非结构化数据，快速定位导致程序失效的根本原因。机器学习算法还可以通过对历史测试结果和缺陷模式的学习，预测程序中最可能存在缺陷的模块或代码段，指导测试人员优化测试策略，提高缺陷检测的成功率。

（三）预防性漏洞管理

具体而言，机器学习算法可以通过分析历史漏洞数据，总结漏洞特征和规律，构建漏洞预测模型。该模型能够自动审查新的代码或系统配置，识别与已知漏洞相似的模式，从而实现漏洞的提前发现和预警。相比人工审查，基于机器学习的漏洞预测能够处理更大规模的数据，发现更隐蔽的漏洞，且不受人为疏漏的影响，预测结果更加全面可靠。

深度学习技术则可用于自动化漏洞验证和风险评估。传统的人工渗透测试虽然能够发现漏洞，但耗时耗力，难以全面覆盖所有攻击面。利用深度学习算法，可以自动生成大量测试用例，模拟各种攻击场景，全方位验证系统的安全性。同时，深度学习还能根据漏洞所在位置、可利用难度等因素智能评估其风险等级，帮助安全运营团队合理分配修复资源，聚焦高危漏洞。

此外，自然语言处理和知识图谱等人工智能技术在漏洞情报分析中也大有可为。通过文本挖掘技术，可以从安全论坛、黑客社区等渠道收集漏洞情报，并智能提取关键信息，如漏洞类型、影响范围、利用代码等。再利用知识图谱技术，将分散的漏洞情报关联并整合起来，形成结构化的漏洞知识库。这样，安全人员就可以查询、分析知识库中的数据，洞察最新漏洞动态，预判潜在风险。

第二节　人工智能在数字经济数据隐私保护中的应用

一、数据匿名化技术

（一）概念与原则

数据匿名化是指通过对数据进行技术处理，使得数据集中的个人身份信息得以隐藏或移除，从而保护个人隐私的一种方法。它是在大数据时代背景下，实现数据充分利用与个人隐私保护相平衡的重要手段。

具体而言，数据匿名化需要遵循以下基本原则：第一，最小化原则，即只收集、存储和使用必要的个人信息，避免过度收集和滥用；第二，去标识化原则，即移除数据集中所有能够直接识别个人身份的信息，如姓名、身份证号、电话号码等；第三，数据扰动原则，即对数据进行适度修改和扰动，使得攻击者即便获得了部分数据，也难以推断出特定个人；第四，数据聚合原则，即将个体数据按照一定的维度汇总，以提升数据的抽象层次，从而削弱个体特征。

（二）常用数据匿名化技术

1. k-anonymity

k-anonymity 是一种经典的数据匿名化方法，其核心思想是通过泛化和压缩操作，使得数据集中的每条记录至少与其他 k-1 条记录具有相同的准标识符属性值，从而实现“隐藏在人群中”的匿名效果。准标识符是指那些本身并不直接泄露身份，但可能通过与外部信息结合从而识别出个人身份的属性，如性别、年龄、邮编等。通过对准标识符进行泛化处理，k-anonymity 能够有效抵御基于链接攻击的隐私泄露。然而，k-anonymity 也存在一定局限性，如无法防范属性泄露和同质攻击等问题。

2. l-diversity

为了克服 k-anonymity 存在的不足，研究者提出了 l-diversity 匿名化模型。l-diversity 在 k-anonymity 的基础上，进一步要求每个等价类中敏感属性取值的多样性。具体而言，l-diversity 要求每个等价类中至少包含 l 个“熵良好”的敏感属性值。通过引入多样性约束，l-diversity 能够在一定程度上防止敏感信息的泄露。但 l-diversity 也面临一些挑战。例如，如何权衡多样性和数据效用之间的平衡，如何应对数值属性的分布攻击，等等。

3. t-closeness

t-closeness 是另一种强大的匿名化模型，旨在实现等价类内部敏感属性分布与整个数据集分布之间的相似性。t-closeness 要求每个等价类内的敏感属性分布与全局分布之间的距离不超过阈值 t。通过控制分布之间的差异，t-closeness 能够有效地抑制基于熟知分布的隐私推断攻击。然而，t-closeness 在实现过程中也面临诸多困难，如对距离函数的选择、对连续属性的处理等。

除以上三种经典模型外，差分隐私、数据混淆、合成数据生成等也是常用的数据匿名化技术。差分隐私通过在查询结果中引入随机噪声，确保单个记录的存在与否对查询结果影响有限，从而实现了强隐私保证。数据混淆则利用置换、翻转、掩码等操作对原始数据进行扰动，使其失去原始语义。而合成数据生成则旨在利用原始数据的特征分布，生成具有相似统计属性但不包含真实个体信息的仿真数据集。

（三）应用场景与挑战

从应用场景来看，数据匿名化技术在医疗健康、金融服务、电子商务等领域有着广泛的需求。以医疗健康领域为例，随着电子病历系统的普及和医疗大数据的兴起，如何在充分利用数据价值的同时保护患者隐私，成为亟须解决的问题。通过采用数据匿名化技术，可以有效地实现对患者身份信息的保护，使得医疗数据能够在不泄露个人隐私的前提下，用于医学研究、疾病预测、药物开发等领域。类似地，在金融服务领域，数据匿名化技术可以帮助金融机构在遵守数据隐私保护法规的同时，利用海量交易数据进行风险控制、精准营销等业务创新。

数据匿名化技术在实际应用中也面临着诸多技术挑战。首先，随着大数据、人工智能等技术的发展，传统的数据匿名化方法，如数据脱敏、数据加噪等，已经难以应对日益复杂的数据环境。攻击者可以运用数据链接、数据挖掘等手段，实现对已匿名化数据的重新识别，从而使得个人隐私面临被泄露的风险。因此，亟须研发更加安全、高效的匿名化算法，以提升数据匿名化的鲁棒性和抗攻击能力。

不同的数据类型和应用场景，对数据匿名化技术提出了差异化的要求。结构化数据、非结构化数据、数据流等不同类型的数据，在匿名化处理上各有特点，需要采用针对性的技术方案。同时，不同的应用场景对数据隐私保护和数据可用性的要求也不尽相同。例如，在医疗健康领域，隐私保护的要求通常高于数据可用性，而在精准营销场景下，数据可用性则显得更加重要。如何在隐私保护和数据可用性之间找到平衡，是数据匿名化技术需要解决的另一个关键问题。

数据匿名化技术的应用还涉及一系列法律、伦理、社会认知等非技术因素。虽然我国已经出台了《中华人民共和国网络安全法》《中华人民共和国数据安全法》等法律法规，对个人信息保护作出了原则性规定，但在具体实践中仍然存在较大的操作空间。数据权属、数据交易机制、跨境数据流动等问题，都需要在法律层面进一步明确。此外，公众对数据隐私保护的认知和重视程度，也会影响到数据匿名化技术的推广和应用。提高全社会的数据隐私保护意识，营造规范有序的数据生态环境，是推动数据匿名化技术发展的重要基础。

二、差分隐私保护方法

（一）差分隐私概念及重要性

差分隐私通过在数据中引入随机噪声，使得敏感信息在统计意义上得到保护，同时又能保证数据分析结果的相对准确性。

从技术原理上看，差分隐私通过数学方法对原始数据进行扰动处理，使得攻击者无法从处理后的数据中准确推断出特定个体的敏感信息。具体而言，它引入了两个关键概念：ε-差分隐私和敏感度。其中，ε-差分隐私定义了隐私保护的强度，ε 越小，则隐私保护程度越高；敏感度则刻画了查询函数对输入数据变化的敏感程度。通过合理设置这两个参数，差分隐私机制能够在保证隐私安全的同时，最大限度地保留数据中的有用信息。

差分隐私强大的数学基础不仅赋予了它严格的隐私保证，也使其在理论和实践中都具有广阔的应用前景。在理论研究方面，差分隐私与密码学、博弈论、机器学习等领域深度融合，催生出一系列新的研究方向和成果。例如，在密码学领域，差分隐私被用于构建安全的多方计算协议；在博弈论领域，差分隐私被引入机制设计，用于平衡隐私保护与激励相容；在机器学习领域，差分隐私被应用于模型训练和发布，有效地防止了隐私泄露。这些理论的进展不断拓展着差分隐私的边界，为其实际应用奠定了坚实基础。

在实践应用方面，差分隐私已经被广泛应用于隐私保护数据分析、隐私保护机器学习、隐私保护数据发布等场景。一个典型的例子是2020年美国人口普查局采用差分隐私技术发布人口普查数据，在保护公民隐私的同时，支持了普查数据的充分利用。类似地，苹果、谷歌等科技巨头也纷纷将差分隐私集成到其数据分析平台中，用于平衡用户隐私保护与数据价值挖掘。随着数字经济的快速发展，差分隐私有望在更多领域得到创新和应用，为数据安全与个人隐私保驾护航。

（二）构造差分隐私机制

差分隐私是一种数学框架，旨在最大限度地提取数据集的有用信息，同时最小化泄露个人隐私信息的风险。

从技术层面来看，差分隐私机制的构建通常包括以下关键步骤：首先，需要对原始数据进行适当的扰动处理，通过引入随机噪声，使得攻击者难以从中推断出个人的隐私信息。这里的关键是噪声添加算法的设计，它要在保证隐私的同时尽量减少对数据效用的影响。其次，还需要设计合适的查询机制，限制攻击者通过多次查询来推断隐私信息的能力。这往往需要在查询的灵活性和隐私保护强度之间进行权衡。最后，差分隐私机制的参数设置也至关重要，如隐私预算的分配、敏感度的计算等，都会直接影响到隐私保护的效果。

在实践中，差分隐私机制的实施还需要考虑多方面因素。首先是数据的特征，不同类型、不同规模的数据对隐私保护的要求不尽相同，这就需要我们根据具体情况来定制差分隐私方案。其次是应用场景，差分隐私机制需要与具体的数据分析和挖掘任务相适应，在满足隐私保护要求的同时，还要尽可能发挥数据的价值。最后，差分隐私的实施还涉及计算效率、系统兼容性等工程问题，这就要求我们在机制设计时兼顾算法的可实现性。

事实上，学术界和工业界已经提出了多种差分隐私机制，并在诸多领域得到了应用。例如，在推荐系统中，研究者设计了基于差分隐私的协同过滤算法，在保护用户隐私的同时提升了推荐质量；在智慧医疗中，差分隐私技术被用于保护患者的就诊记录，使医疗大数据得以安全应用；在智能交通领域，差分隐私机制帮助实现了隐私保护下的轨迹数据分析，为交通规划和管理提供了数据支撑。这些成功案例充分证明了差分隐私技术在数字经济时代的广阔应用前景。

(三)实践中的应用与限制

在实践中,差分隐私已经在多个领域得到应用。以医疗健康数据为例,差分隐私机制能够在保护患者隐私的同时,支持医疗数据的共享和分析,为疾病预防、药物研发等提供数据支撑。再如在金融领域,差分隐私技术可用于发布客户的消费行为数据,帮助企业优化营销策略,同时避免泄露客户的敏感信息。

然而,差分隐私方法在实际应用中仍面临诸多约束因素。首先,差分隐私的隐私保护强度与数据可用性之间存在一定的权衡。引入过多噪声虽然能提供更强的隐私保护,但可能严重降低数据的分析价值。如何在隐私保护和数据效用间取得平衡,是一个亟待解决的问题。其次,差分隐私机制的设计需要考虑数据特征和应用场景。对于不同类型、不同规模的数据,需要设计与之相适应的差分隐私算法,这对算法设计者提出了较高要求。此外,差分隐私的实现还涉及诸多系统性工程,如数据预处理、查询界面设计、隐私预算分配等,需要多学科协同攻关。

尽管存在这些限制,差分隐私仍是数字经济时代数据隐私保护的重要技术手段。未来,差分隐私理论与技术的进一步发展,有望突破当前的瓶颈,实现隐私保护和数据利用的双赢。这需要学术界和产业界的共同努力,在理论研究和应用实践两个方面持续发力。

从理论研究来看,亟须开展差分隐私基础理论的深入研究,探索新的隐私定义和保护机制,以提升差分隐私的表达能力和适用性。同时,要加强差分隐私与其他隐私保护技术的融合创新,使其能发挥各自的技术优势,形成体系化的隐私保护解决方案。

从应用实践来看,要加快构建标准化、模块化的差分隐私系统,简化差分隐私技术的实施流程,以降低使用门槛。要深入开展差分隐私应用试点工作,在智慧医疗、金融科技、智慧城市等典型场景中探索差分隐私的最佳实践,积累可复制、可推广的应用经验。要加强对公众的隐私保护意识教育,提升全社会对数据隐私的重视程度,营造有利于数据开放共享、数据隐私保护的良好生态。

三、联邦学习在数据隐私中的应用

(一)联邦学习的基本原理

联邦学习通过在参与方的本地训练模型,并以仅共享模型参数而非原始数据的方式，实现了数据隐私的有效保护。联邦学习的基本工作原理如下：首先，参与方在本地使用自己的数据训练机器学习模型；其次，各参与方将训练得到的模型参数上传至中央服务器进行聚合，得到全局模型；最后，中央服务器将更新后的全局模型分发给各参与方，用于下一轮本地训练。通过多轮迭代，联邦学习最终得到一个性能与集中式训练相当的模型，且整个过程中原始数据始终保存在参与方本地，从而有效地保障了数据隐私。

联邦学习的关键在于参与方之间的协作和信任。为了激励参与方积极参与联邦学习，并防止恶意参与方破坏全局模型，需要设计合理的激励机制和安全协议。同时，联邦学习还需要解决数据异构性、通信效率等技术挑战。针对这些挑战，学术界提出了一系列改进方案，如联邦迁移学习用于处理数据分布不同的问题，异步联邦学习用于提升通信效率等。

联邦学习在保护隐私的同时，为数据孤岛问题提供了解决思路。通过联邦学习，不同机构、不同行业的数据可以在不泄露隐私的前提下进行融合分析，挖掘出更大的数据价值。这对于医疗、金融、电商等对隐私较敏感的行业而言尤为重要。例如，多家医院可以通过联邦学习共同训练疾病诊断模型，既能扩大模型训练数据集，提升诊断准确性，又能确保患者的隐私不被泄露。

（二）联邦学习的隐私保障措施

1. 同态加密

同态加密是一种允许在密文上直接进行计算的加密技术，计算结果解密后与明文计算结果一致。将同态加密引入联邦学习，可以实现加密数据的安全聚合。具体而言，各参与方先在本地使用同态加密算法对模型参数或中间结果进行加密，再将密文上传至服务器。服务器在密文空间中执行聚合操作，得到加密后的全局模型，最后将其下发给各方解密。在整个过程中，敏感数据始终以密文形式存在，服务器无法获取明文信息，从而保证了数据的机密性。同时，同态加密还支持密文的加法和乘法运算，使得许多机器学习算法能够在加密数据上执行。

2. 安全多方计算

安全多方计算是另一种重要的隐私保护技术，它允许多个参与方在不泄露各自隐私数据的情况下协同完成计算任务。在联邦学习场景下，安全多方计算可用于实现模型参数的安全交换与更新。常见的协议包括秘密共享、不经意传输等。

以秘密共享为例，每个参与方将本地模型参数划分为多个分片，分别发送给其他参与方，单个分片不包含任何隐私信息。在更新阶段，各方利用收到的分片重构出完整的模型参数，并基于此进行本地训练。通过这种方式，参与方之间可以安全地交换模型信息，而无须披露原始数据。

3.差分隐私

差分隐私通过在数据或模型中引入随机噪声，使得单个样本对最终结果的影响被掩盖，从而防止隐私泄露。在联邦学习中，可以对本地模型参数添加差分隐私噪声，再进行全局聚合，以保证个体样本的隐私安全。此外，还可以利用差分隐私实现隐私保护的梯度下降算法，在梯度聚合时引入噪声，以防止反向推断隐私数据。

四、数据加密与解密技术

（一）数据加密技术概述

从技术原理上看，数据加密是指通过特定算法，将明文数据转换为密文，使其不能被未经授权的用户或系统识别和利用的过程。只有掌握正确的密钥，才能对密文进行解密，还原出原始的明文数据。数据加密技术经过长期发展，已经形成了对称加密、非对称加密等多种类型，能够满足不同场景下的数据安全需求。

以对称加密为例，它要求加密和解密使用同一把密钥。这种加密方式具有算法简单、加解密速度快等优点，适用于对数据处理效率要求较高的场合。典型的对称加密算法包括 DES、3DES、AES 等。这些算法已经在金融、电信、政务等诸多领域得到广泛应用，为关键数据的安全传输和存储提供了有力保障。

非对称加密则使用公钥和私钥两把不同的密钥。公钥可以公开，用于数据加密；私钥则需要严格保密，用于数据解密。RSA、ECC 等都是常见的非对称加密算法。与对称加密相比，非对称加密的安全性更高，但加密和解密的效率相对较低。在实践中，非对称加密常用于数字签名、密钥交换等场合，其与对称加密形成互补，共同构建起完整的数据安全防护体系。

事实上，数据加密技术在提升数据安全性的同时，也面临着密钥管理困难、加解密耗时影响性能等挑战。为了应对这些挑战，密码学界一直致力于加密算法的优化和创新。近年来，随着量子计算、人工智能等前沿技术的发展，一些新型加密方案也应运而生，如量子密钥分发、同态加密等，为未来数据加密技术的发展开辟了新的方向。

（二）常见加密算法与实现

1. 对称加密算法

对称加密算法使用同一个密钥进行加密和解密，代表算法有 DES、3DES、AES 等。这类算法的优点是加解密速度快，适用于大量数据的加密场景。但其缺点是密钥管理困难，一旦密钥泄露，所有使用该密钥加密的数据都会受到影响。

2. 非对称加密算法

非对称加密算法使用一对密钥，即公钥和私钥。公钥用于加密数据，私钥用于解密数据。常见的非对称加密算法有 RSA、ECC 等。非对称加密的优点是密钥管理相对简单，公钥可以公开，只要妥善保管私钥即可。但其缺点是加密和解密的速度较慢，密钥长度较大，占用储存空间较多。在实际应用中，通常采用对称加密和非对称加密相结合的方式，利用非对称加密算法加密对称加密算法的密钥，再用对称加密算法加密数据，兼顾了安全性和效率。

除基本的加密算法外，数据加密技术还包括一些其他机制，如数字签名、数字证书等。数字签名是利用非对称加密算法实现的一种身份认证机制。签名者使用私钥对数据进行签名，验证者使用公钥验证签名的有效性，以确认数据的完整性和签名者的身份。数字证书则是由可信第三方（如 CA）颁发的用于证明公钥所有者身份的电子文件。它将公钥与持有者的身份信息绑定在一起，防止公钥被他人冒用。

（三）解密技术与挑战

传统的对称加密体系，如 DES、AES 等，其安全性主要依赖于密钥的保密性。一旦密钥泄露，密文就很容易被破解。因此，如何安全地管理和分发密钥，是对称加密面临的重大难题。近年来，一些研究者提出了基于物理不可克隆函数（PUF）的密钥管理方案，利用硬件芯片内部的固有物理特性来生成密钥，大大提高了密钥的安全性。但这一方案在大规模应用中仍存在成本和可靠性等问题。

非对称加密体系，如 RSA、椭圆曲线加密（ECC）等，其安全性基于数学难题的困难性，如大整数质因数分解、离散对数等。但随着量子计算机的发展，这些难题在理论上已经可以被有效解决。一旦大规模量子计算机问世，现有的非对称加密体系将面临全面失效的风险。后量子密码学正是为应对这一挑战而提出的，其目标是设计出能抵御量子计算机攻击的加密方案。格基密码、多变量公钥密码等都是备受关注的后量子密码学算法，但它们的安全性和实用性还有待进一步验证。

同态加密是一种特殊的加密方案，它允许在密文上直接进行计算，而无须解密。这一特性在隐私保护、云计算等领域有着广阔的应用前景。但同态加密算法通常计算复杂度很高，效率较低，难以满足实际应用的需求。提高同态加密的效率，是该领域亟待突破的关键技术之一。

此外，区块链技术为解密领域带来了新的思路。区块链利用分布式账本、共识机制等技术，为数据提供了可信的存储和验证环境。一些学者提出将区块链与密码学相结合，利用区块链实现密钥管理、身份认证等功能，提升解密过程的安全性和可信度。但如何平衡区块链的去中心化特性与密码学的保密需求，仍是一个有待探索和解决的问题。

第三节 人工智能在数字经济金融安全中的应用

一、人工智能在金融欺诈检测中的应用

（一）自动化欺诈识别

机器学习是人工智能在金融欺诈检测中应用最为广泛的技术之一。通过对历史交易数据进行训练，机器学习算法能够自动学习并总结出欺诈交易的特征模式。当新的交易数据到来时，算法会将其与已知的欺诈模式进行比对，识别出可疑的异常交易。相比传统的规则模型，机器学习更加灵活、智能，不仅能够适应不断变化的欺诈手法，还能显著降低漏报率和误报率。

深度学习作为机器学习的一个分支，以其出色的特征提取和表示学习能力在金融欺诈检测领域大放异彩。卷积神经网络、循环神经网络等深度学习模型能够直接从原始数据中自动提取高阶特征，挖掘出隐藏在数据背后的复杂欺诈模式。同时，深度学习模型还具有强大的非线性拟合能力，能够刻画欺诈交易的细微差异，大幅提升检测的精准度。

图神经网络是近年来在金融欺诈检测领域崭露头角的一项新技术。不同于传统的机器学习和深度学习模型,图神经网络能够直接建模交易主体之间的复杂关系网络,揭示欺诈团伙的组织结构和行为模式。通过学习交易主体的网络嵌入表示,图神经网络能够准确识别出隐藏在关系网络中的欺诈团伙,为打击团伙化、专业化的金融犯罪提供了有力支撑。

除了上述经典的人工智能技术,一些前沿的算法模型也在金融欺诈检测中崭露头角。如强化学习能够根据环境的反馈不断优化策略,主动识别新型欺诈手法;对抗生成网络能够自动生成逼真的合法交易数据,扩充样本空间,提升模型的鲁棒性;迁移学习能够利用其他场景下的知识经验,快速适应新的欺诈检测任务。这些技术的应用极大地拓展了人工智能在金融欺诈检测中的边界,为构建全方位、立体化的风险防控体系提供了新的可能。

(二)反欺诈决策支持

通过对海量交易数据进行挖掘和分析,人工智能系统能够从中发现潜在的欺诈模式和异常行为。这些模式可能包括异常的交易频率、交易金额、交易地点等,往往难以被人工识别。机器学习算法通过对历史欺诈案例进行学习,能够建立起精准的风险评估模型。当新的交易数据到来时,系统可以自动将其与已知的欺诈模式进行比对,实时计算其欺诈风险,并向相关人员发出预警。

以信用卡欺诈检测为例,传统的规则型系统可能会设定一些简单的阈值,如单笔交易金额超过某个数值、短时间内频繁交易等。但这些规则往往过于宽泛,难以覆盖所有的欺诈场景。而基于机器学习的欺诈检测系统则可以从多个维度入手,综合考虑持卡人的历史交易行为、消费习惯、地理位置等因素,可动态调整风险评估模型。一旦发现可疑交易,系统就可以立即阻断交易或要求额外验证,大大降低了欺诈风险。

除了事后的欺诈识别,人工智能还能够助力金融机构进行事前的风险预防。通过对客户的信用记录、行为偏好等数据进行分析,机器学习模型可以预测其未来的违约或欺诈风险,帮助金融机构在授信、贷款等业务环节作出更明智的决策。一些金融科技公司还尝试利用自然语言处理、情感分析等技术,从社交媒体、新闻报道等非结构化数据中挖掘客户的信息,以便更全面地评估其风险状况。

将人工智能引入金融欺诈检测领域,不仅提高了风险识别的效率和精准度,也极大地减轻了人工审查的压力。但同时我们也要认识到,技术并非万能,欺诈分子同样可能利用人工智能来实施更隐蔽的犯罪。因此金融机构在享受技术红利的同时，也要不断提高自身的风控能力，并应注重与监管机构的协同配合。唯有如此，才能在人工智能的助力下构建起更安全、更可信的金融环境。

（三）预测与实时监控

传统的反欺诈手段主要依靠人工审核和事后调查，存在效率低下、时效性差等问题。而人工智能技术则可以实现全天候、无死角的实时监控。智能系统通过海量历史数据的训练，能够精准识别欺诈交易的特征，并根据风险程度进行分级预警。一旦发现可疑交易，系统会立即向相关人员发出警报，以便及时采取措施，最大限度地减少损失。

除了事中监控，人工智能还能通过对交易数据的深度挖掘和关联分析，提前预测可能发生的欺诈行为。通过构建用户画像、交易网络等模型，智能系统能够发现隐藏在海量数据中的欺诈风险点，并对潜在的欺诈事件进行预警。这种前瞻性的风险预判，为金融机构提供了更为主动的防控手段。

人工智能在实时监控和欺诈预测中的应用，极大地提升了金融交易的安全性。然而，我们也要看到，欺诈分子的手段也在不断升级，单纯依靠技术并不能完全杜绝欺诈行为。金融机构还需要在完善内控制度、加强从业人员职业道德教育等方面持续发力，构建起全方位、多层次的反欺诈防线。只有人工智能技术与传统风控手段的有机结合，才能真正为金融体系的安全运行保驾护航。

二、人工智能在风险管理中的应用

（一）信贷风险评估

通过机器学习算法，人工智能系统可以快速分析海量的信贷历史数据，挖掘出影响信用风险的关键因素，构建出高效、准确的风险预测模型。这些模型能够全面考虑借款人的信用记录、收入水平、资产状况等多维度信息，给出客观、量化的风险评分，大大提升了信贷审批的效率和精准度。相比人工评估，人工智能风控模型能够处理更加复杂的数据关系，发现人眼难以察觉的风险信号，有效降低了信贷违约率。

除了风险预测，人工智能技术还能优化信贷全流程管理。智能合约、区块链等技术的应用，使得贷款审批、放款、还款等环节实现了自动化、透明化，降低了操作风险和道德风险。大数据分析技术则可以实时监测借款人的信用状况变化，动态调整风险定价，实现差异化、个性化的信贷服务。这些创新应用极大地提升了信贷业务的风险管控水平。

人工智能驱动下的信贷风险管理模式的变革，不仅惠及金融机构，也为广大借款人带来了便利。基于大数据和机器学习的信用评估，让更多信用良好但缺乏抵押物的“长尾”客户获得了融资机会。人工智能风控系统可 24 小时不间断运转，大幅缩短了贷款审批时间，借款人可以享受到更加快捷、高效的金融服务。个性化的信贷产品推荐，满足了不同借款人的差异化需求。总之，人工智能正在推动信贷行业朝着更加普惠、智能、高效的方向发展。

风险评估作为资源配置的重要依据，人工智能的引入带来的利弊仍需辩证看待。算法模型虽能做出量化评估，但其训练数据和规则仍源于人为设计，不可避免地掺杂了人的主观性。而且，模型“拟合过度”的情况仍普遍存在，部分风险评估结论可能偏离实际甚至带有偏见。另外，机器智能高度依赖量化数据，可能会忽视一些难以量化但至关重要的信用信息。这些局限性提醒我们，机器智能当前还无法完全取代人的判断力，人机协作、优势互补才是未来的发展方向。

(二)市场风险预测

在交易策略方面，基于人工智能的算法交易已经成为一种重要的趋势。通过深度学习等技术，交易算法能够自主学习市场规律，不断优化和调整策略参数，以适应瞬息万变的市场环境。相比人工交易，算法交易能够处理更大规模的数据，作出更快速的反应，有效地降低交易成本和风险暴露。同时，算法交易还能够发掘更多的交易机会，捕捉市场的短暂失衡，实现超额收益。

在风险评估方面，人工智能技术的应用同样卓有成效。传统的风险评估模型往往基于线性假设和参数化方法，难以应对金融市场的复杂性和非线性特征。而机器学习算法能够建立更加灵活、精细的风险评估框架，从多维度刻画金融资产的风险收益特征。例如，基于图神经网络的信用风险评估模型，能够考虑企业的关联关系网络，更全面地评判其违约风险。再如，基于强化学习的投资组合优化模型，能够动态调整资产配置，平衡收益与风险。

此外，人工智能应用还牵涉数据隐私和算法歧视等伦理问题。金融数据往往涉及个人和机构的敏感信息，需要在数据利用和隐私保护之间寻求平衡。而算法模型可能无意中放大了数据中的偏差，导致对特定群体的“智能歧视”。这就要求在开发应用的过程中，嵌入必要的伦理审查和监管机制。

(三)操作风险管理

在内部欺诈识别方面,人工智能算法能够综合分析员工的行为数据,包括业务操作记录、通信记录、出勤情况等,通过构建员工的行为画像,自动识别可疑的欺诈行为模式。一旦发现异常,系统就可以立即预警,供合规部门进一步核查。与传统的抽样审计相比,这种方式能够实现全样本分析,极大地提高了欺诈识别的精准度,扩大了覆盖面。

在操作过失防控方面,人工智能可以通过机器学习算法,从历史损失数据中总结操作过失的高发环节和原因,识别关键风险点。基于此,系统可以在业务流程中嵌入智能化的风险提示和防控措施,引导员工规范操作,降低人为失误率。同时,智能化系统还可以持续评估员工的操作行为,对高风险人员进行重点监控。

针对外部事件引发的操作风险,如自然灾害、社会事件等,人工智能可以辅助开展情景分析和压力测试。通过海量数据模拟各类极端事件情景,评估其对业务运营和财务状况的潜在影响,制定针对性的应急预案和风险缓释措施。这有助于提高金融机构应对突发事件的韧性和快速反应能力。

在实践中,领先的金融机构已经开始探索人工智能在操作风险管理中的应用。如某银行利用机器学习算法,建立了员工异常行为识别模型,可以准确识别出员工违规放贷、非法集资等风险行为,大幅提升了内部欺诈的识别效率。又如某保险公司应用深度学习技术,从海量的理赔数据中自动甄别出虚假理赔行为,减少了人工排查的成本,提高了理赔的速度和准确性。

三、人工智能在信用评估中的应用

(一)个人信用评分

传统的信用评分主要依赖于个人的财务历史记录,如信用卡还款、贷款记录等,这种模式存在着诸多局限性。首先,传统模式难以全面评估个人的信用风险,因为它忽略了许多与信用相关的重要因素,如个人的消费习惯、社交网络等。其次,这种模式容易产生偏差和不公平,因为它过于依赖历史数据,而某些群体可能因为种种原因缺乏足够的财务历史记录。

而人工智能技术的引入,正在帮助信用评分模型突破这些局限。机器学习算法能够处理海量、多源、异构的数据,从中发掘出与信用风险相关的隐藏模式。例如,通过分析个人的消费行为数据,如购物频率、商品类别等,AI模型能够刻画出个人的消费习惯和偏好,进而推断其风险倾向。又如,AI算法可以分析个人的社交网络数据,根据其朋友圈的信用状况来评估个人的信用水平。这些数据维度能够为信用评估提供更加丰富、全面的信息,以弥补传统模型的不足。

同时,机器学习技术还能够提高信用评分的准确性和客观性。传统的评分模型通常依赖专家的经验和判断,难免带有主观色彩。而机器学习算法能够自动从数据中学习,寻找最优的特征组合和权重,生成精准的评分结果。随着数据的不断积累和算法的迭代优化,AI驱动的信用评分模型能够不断自我完善,为用户提供越来越准确和可靠的评估。

此外,AI技术还有望提升信用评分的公平性。传统模式下,某些群体可能因为历史原因而缺乏足够的信用记录,导致其难以获得良好的信用评分,进而影响贷款、就业等重要机会。而AI算法能够从多元数据中发掘出这些群体的信用价值,给予其合理的评分,从而促进金融包容和社会公平。

(二)企业信用风险

在财务分析方面,人工智能可以深入挖掘企业的资产负债表、现金流量表和利润表等财务报表数据,识别其中隐藏的风险因素。例如,通过对企业的资产结构、负债率、流动性指标等进行智能分析,人工智能模型能够及时发现企业财务状况的异常波动和潜在风险。同时,人工智能还能够跟踪企业的资金流向,监测其与关联方之间的交易行为,识别可能存在的利益输送和资金占用等问题。

在行业趋势分析方面,人工智能通过对行业的宏观经济环境、市场供需状况、技术变革等因素进行实时监测和预测,能够评估企业所处行业的整体风险水平。例如,当某个行业出现产能过剩、需求萎缩或者出现颠覆性技术革新时,人工智能模型可以及时捕捉到这些变化,并调整对该行业内企业的信用风险评级。此外,人工智能还能够通过对行业内企业的横向比较,识别出优质企业和高风险企业,为信用评估提供更加细致入微的参考。

在管理团队背景分析方面,人工智能可以利用自然语言处理和知识图谱等技术,从企业高管的履历、行业经验、过往业绩等维度入手,全面评估管理团队的能力和风险偏好。例如,如果一家企业的管理层频繁更换、缺乏行业经验或者曾经在其他企业任职期间业绩表现不佳,人工智能模型就会捕捉到这些风险信号,并相应地调整该企业的信用评分。

人工智能在企业信用风险评估中的应用,极大地提升了评估的效率、准确性和全面性。传统的信用评估方法往往依赖于人工分析和主观判断,存在着效率低下、偏差较大的问题。而人工智能通过海量数据的学习和复杂算法的建模，能够在短时间内处理大量的企业信息，并从多个维度对企业进行立体式画像，从而得出更加客观、准确的信用风险评估结果。

（三）创新评估途径

社交媒体作为一个海量的用户生成内容平台，蕴含着丰富的用户信用相关信息。通过对社交媒体数据的挖掘和分析，可以从多个维度对用户的信用状况进行评估。首先，社交媒体上的用户互动和关系网络能够反映出个人的社会信用。与信用良好的用户频繁互动，与信用较差的用户保持距离，往往表明了用户自身较高的信用意识和信用水平。其次，用户在社交媒体上分享的内容，如工作、生活状态，消费偏好等，也能够从侧面印证其经济能力和信用状况。最后，用户在社交媒体上的行为表现，如是否发布虚假信息，是否参与非法活动，也是评判其诚信度的重要依据。通过综合分析用户在社交媒体上的各种信息和行为，可以对其信用水平作出更加全面而客观的评价。

消费行为模式识别技术则从另一个角度丰富了信用评估的途径。传统的信用评估主要依赖于信贷记录、收入证明等静态信息，难以反映用户真实的消费能力和信用风险。而消费行为模式识别技术则通过分析用户的消费习惯、消费轨迹等动态数据，刻画用户的消费画像，预测其未来的消费行为和违约风险。例如，同样收入水平的两个用户，一个是月光族，另一个有着稳健的消费和储蓄习惯，他们的信用风险显然不可同日而语。通过识别用户的消费行为模式，可以发现隐藏在表象之下的信用风险，从而作出更加审慎的信用评估决策。

将社交媒体分析和消费行为模式识别技术相结合，则能够实现优势互补，形成更加立体和动态的信用评估方案。社交媒体分析侧重于从社会关系和行为表现的角度评估信用状况，而消费行为模式识别则着眼于经济活动和风险控制的层面，二者相辅相成，互为补充。通过大数据技术和机器学习算法，可以将两类数据有机融合，建立起全新的信用评估模型。这种模型一方面能够从海量的非结构化社交媒体数据中提取有价值的信用信息，另一方面能够从时间序列的消费行为数据中识别出关键的风险因子，最终对用户的信用状况作出动态、实时的评判。

四、人工智能在交易监控中的应用

（一）算法交易监管

人工智能在算法交易监管中的应用主要体现在两个方面：一是利用机器学习

算法自动识别可疑交易行为;二是通过大数据分析实现对交易模式的实时监控。基于历史数据和专家的知识,监管机构可以训练出能够准确判别内幕交易、操纵市场等违规行为的智能模型。这些模型能够从海量的交易数据中自动发现异常模式,极大地提高了监管效率。同时,人工智能还能够实时跟踪和分析交易数据,一旦发现可疑行为,就会立即向监管人员发出预警,为及时采取处置措施争取宝贵时间。

以内幕交易的识别为例,传统的做法主要依靠事后调查和举报的线索来识别,很难在第一时间发现问题。而利用人工智能技术,监管机构可以建立涵盖上市公司高管、内部人士、机构投资者等的关联网络,实时监测其交易行为。一旦发现在敏感期频繁交易或交易金额异常放大等可疑情况,系统就会自动标记并发出预警,为深入调查提供参考。美国证券交易委员会(SEC)就曾利用机器学习算法,在数百万份备忘录、电子邮件等非结构化数据中成功识别出内幕交易线索,大大提升了执法效能。

在操纵市场方面,人工智能可以帮助监管部门及时发现和制止"叠加下单""对倒交易"等违规操作。通过对订单簿、逐笔成交等交易数据进行智能分析,可识别出虚假申报、自买自卖等异常交易特征,监管机构凭此就能快速锁定可疑账户,阻止市场操纵扩大化。此外,对交易者的行为模式进行画像和聚类分析,还能发现更隐蔽的操纵团伙,为精准打击和溯源取证提供有力支撑。

(二)异常交易检测

人工智能在交易异常检测中的应用主要体现在两个方面:一是通过机器学习算法构建异常检测模型,实现对海量交易数据的实时监测和分析;二是利用自然语言处理、知识图谱等技术,挖掘非结构化数据中隐藏的风险信号,形成多维度、立体化的异常交易画像。在实际应用中,异常检测模型通常采用无监督学习或半监督学习的方式进行训练,通过对正常交易模式的学习,实现对异常交易的敏感识别。常用的算法包括孤立森林、一类支持向量机、局部异常因子等。这些算法能够从多个特征维度刻画交易行为,捕捉交易流程中的细微异常,大幅提升了传统规则引擎的识别效果。

除基于交易数据构建检测模型外,人工智能还能通过对非结构化数据的语义理解,发现潜在的风险事件。金融机构内外部积累了大量的舆情信息、客户投诉、监管文件等非结构化数据,传统方法难以对其进行有效利用。运用自然语言处理技术,则可以从这些数据中提取到关键信息,并结合知识图谱技术揭示不同主体、行为、事件之间的内在联系，形成对风险事件的立体刻画。在此基础上，交易异常检测系统能够将这些风险信号与交易数据相结合，实现情景感知和分析预判，为异常交易的定位和处置提供情报支持。

在具体实践中，人工智能驱动的交易异常检测已在银行、证券、保险等多个金融领域得到广泛应用，并取得了显著成效。一方面，智能异常检测模型能够快速识别出诸如信用卡盗刷、伪卡交易、转账诈骗等违法违规行为，切实保障了客户资金安全；另一方面，跨市场、跨业务的关联分析能力使金融机构对系统性风险的感知和防范能力大幅提升，为维护金融体系安全稳定提供了有力抓手。实践表明，人工智能正在成为金融领域异常检测的"新利器"，为金融创新和金融安全的平衡发展注入了新的动力。

（三）监控系统优化

在异常交易检测方面，人工智能算法能够从海量的交易数据中快速识别出异常模式，如突发的大额交易、频繁的小额交易、非常规的交易时间和地点等。通过机器学习不断优化异常检测模型，人工智能还能够持续提升异常识别的准确率，降低误报率。与人工排查相比，人工智能能够实现 7×24 小时不间断监控，大幅缩短异常交易的发现和处置时间，从而最大限度地遏制金融欺诈和洗钱等违法活动。

在风险预警方面，人工智能技术同样大有可为。通过对海量金融数据和外部数据（如新闻事件、舆情动向等）的综合分析，人工智能能够提前识别潜在的市场风险、信用风险，并及时预警。例如，基于对上市公司财务数据、管理层变动、负面新闻的分析，人工智能可以评估其违约风险，对投资者进行预警。再如，人工智能可以通过对宏观经济数据、行业动向等因素的分析，预判特定行业的系统性风险，为金融机构的风险管理提供参考。

人工智能还能够优化金融监管的资源配置，提高监管效率。传统的金融监管往往采用"全面覆盖"的方式，对所有金融机构和业务进行一视同仁的检查，这种"齐头式"监管存在着力度不足、针对性不强、效率低下等问题。而人工智能可以通过对金融机构的业务规模、风险状况、历史合规记录等因素的综合评估，有针对性地确定监管频率和力度，实现差异化、精准化的智能监管。这不仅能够节约监管资源，还能最大限度地降低监管成本，提高监管效率。

第四章　人工智能在数字经济智能生产与服务中的应用

第一节　人工智能在数字经济智能制造中的应用

一、人工智能在生产流程优化中的应用

（一）提高生产效率

具体而言，机器学习算法可以通过对历史生产数据的挖掘，找出影响生产效率的关键因素，如订单特性、设备性能、人员技能等，并据此构建优化模型。该模型能够准确预测生产任务的完成时间，合理分配设备与人力资源，最大限度地提升产能利用率。同时，深度学习算法还可对设备的健康状态进行实时监测，提前预警故障风险，减少非计划性停机时间，确保生产计划的顺利执行。

再者，强化学习算法为生产排程优化提供了更加灵活的解决方案。该算法可根据实时的生产状态动态调整排程策略，以更好地应对紧急插单、设备故障等意外情况。通过不断试错与学习，强化学习能持续改进优化效果，在复杂多变的生产环境中寻求最优决策。一些领先的制造企业已将强化学习应用于生产调度，并取得了显著成效。如某汽车制造商采用该技术优化生产线调度，在保证准时交付的同时，将库存量降低了 20％。

（二）质量保障

基于人工智能的实时监控系统能够自动识别生产过程中的异常情况，快速定位潜在的质量问题。传统的监控方式往往依赖人工巡检和抽样检测，效率较低且难以覆盖所有生产环节。而智能监控系统则可以对影响产品质量的各项指标进行全面、连续的监测，通过机器视觉、传感器网络等技术实时采集生产数据，运用机器学习算法对数据进行分析，构建质量预警模型。一旦发现偏离正常工艺参数的情况，系统就会自动发出预警，提示操作人员及时调整，避免次品的产生。

此外，人工智能还能通过对海量历史数据的挖掘分析，发现影响产品质量的

关键因素，进而优化生产工艺参数。智能算法可以从生产记录中提取有价值的信息，建立起质量缺陷与工艺参数之间的关联模型。通过模型仿真和优化，系统能够预测在不同工艺参数组合下产品出现质量问题的概率，并推荐最优的参数设置，指导生产实践。这种以大数据为基础的质量管理方式，能够从根本上提升产品质量的一致性和稳定性。

值得一提的是，实时监控还为质量追溯提供了数据支撑。通过对生产全过程数据的记录和存储，企业能够建立起完整的质量追溯链。一旦出现质量争议，可以快速查询问题产品的生产参数、原材料批次、设备状态等信息，准确定位问题原因，并采取针对性的纠正措施。可追溯性的提升不仅有助于企业内部的质量管理，更能增强消费者信任，提升品牌美誉度。

（三）资源调配

具体而言，智能系统可以通过对历史数据的挖掘分析，准确预测未来一段时间内的原料需求和人员配置需求，提前作好资源准备和调配，避免出现原料短缺或人力闲置的情况。同时，系统还能实时监测生产线的运行状态，根据设备工况、在制品数量等信息动态调整资源投入，确保生产有序进行。

以某电子制造企业为例，引入智能资源调配系统后，通过对订单、库存、产能等数据的综合分析，系统可自动生成未来一周的生产计划和物料需求预测，并根据预测结果优化原料采购和库存管理，减少呆滞料和物料积压的情况。系统还能够科学排班，根据订单交期和员工技能特点合理安排生产任务，提高人力资源利用效率。在实践中，该企业产能利用率提升了 20%，库存周转率提高了 30%，人均产值增加了 15%。

应当看到，将人工智能运用于资源调配尚处于起步阶段，在建模算法、数据质量、应用场景等方面还有待进一步探索和完善。如何将智能系统与现有的 ERP、MES 等管理系统深度集成，形成协同优化的资源调配方案，是一个值得研究的问题。此外，智能系统虽然能够提供优化的调配方案，但在关键决策环节仍需要人的参与和判断。如何平衡人机协作，发挥人的经验智慧和机器的计算优势，也是一个需要思考的问题。

二、人工智能在质量控制与检测中的应用

（一）缺陷检测

计算机视觉技术利用数字图像处理算法，通过对产品图像的采集、预处理、特

征提取和分类识别技术,实现对产品缺陷的自动检测。这一过程通常包括图像采集、图像预处理、缺陷定位、缺陷分类等环节。首先,通过工业相机等设备采集高质量的产品图像,获取待检测对象的视觉信息。其次,对采集到的图像进行噪声去除、对比度增强等预处理操作,以提高图像质量,突出缺陷特征。在此基础上,运用边缘检测、阈值分割等算法对图像进行分析,准确定位缺陷区域。最后,结合神经网络、支持向量机等机器学习方法,对缺陷进行分类识别,判别缺陷的类型和严重程度。

在实际应用中,计算机视觉技术已广泛应用于电子、汽车、纺织等行业的缺陷检测。以 PCB(印制电路板)的缺陷检测为例,传统方法需要人工对 PCB 进行逐一检查,效率低下且容易受主观因素的影响。而基于计算机视觉的自动光学检测(AOI)系统能够快速、准确地发现 PCB 上的断路、短路、鼓包等常见缺陷,大大提高了检测效率和质量。类似地,在汽车制造业中,计算机视觉技术可用于检测车身表面的划痕、凹陷等缺陷,避免了人工检测的疲劳和失误。纺织行业则利用计算机视觉算法识别织物表面的污渍、破洞等瑕疵,保证了产品质量的稳定性。

值得一提的是,随着人工智能技术的飞速发展,深度学习在计算机视觉领域得到了广泛应用。卷积神经网络、生成对抗网络等深度学习模型能够自动提取图像的高层语义特征,大幅提升了缺陷检测的精度和泛化能力。通过海量缺陷样本的训练,深度学习模型可以学习到缺陷的本质特征,从而实现对未知缺陷的准确识别。此外,深度学习还可与传统机器视觉方法相结合,形成更加鲁棒、高效的缺陷检测方案。

(二)传感器技术

具体而言,在生产线上部署各类传感器,可以实现对产品制造过程的全方位监控。例如,在注塑成型工艺中,温度传感器可以监测模具温度的变化,压力传感器可以监测注塑压力的波动,流量传感器可以监测原料的供给速率。通过对这些关键参数的实时监测,智能系统能够及时发现工艺偏差,调整工艺参数,保证产品质量的稳定。同时,传感器数据还可用于优化生产排程和资源配置,提高生产效率和设备利用率。

此外,传感器技术还为实现智能质量检测和缺陷预防提供了有力工具。传统的质量检测往往依赖人工抽检,效率低下且准确性有限。而采用机器视觉、超声波、X 射线等传感器技术,可以实现对产品质量的全面检测和缺陷识别。通过分析传感器采集到的图像、声波、电磁信号等数据,智能算法能够精确定位产品缺陷，并根据缺陷类型和严重程度采取相应的处置措施，如报警、隔离不合格品、调整工艺参数等。这种实时、在线的质量检测方式，大大提高了质量控制的效率和可靠性。

随着物联网和大数据技术的发展，传感器在智能制造中的应用将更加广泛和深入。未来的智能工厂将部署更多类型、更高精度的传感器，形成全面感知、互联互通的生产环境。海量的传感器数据将与人工智能算法深度融合，实现生产过程的智能优化和决策支持。例如，通过分析振动和噪声数据，预测设备的健康状态和剩余寿命；通过分析能耗数据，优化能源管理策略；通过分析物流数据，优化供应链管理和库存控制。

（三）成品测试

具体而言，机器学习在成品测试中的应用主要体现在以下方面：首先，计算机视觉技术可以对产品的外观进行全方位的扫描和分析，自动检测产品表面的划痕、凹陷、污渍等缺陷，大大降低了人工检查的失误率。其次，声音识别算法能够精准捕捉产品运行过程中的异常噪声，及时发现内部零部件的磨损或故障。最后，自然语言处理技术还可以通过分析客户反馈和售后记录，挖掘产品潜在的质量问题，为工艺或质量改进提供依据。

以家电行业为例，海尔集团利用机器学习算法建立了一套智能成品检测系统。该系统采用计算机视觉技术对冰箱、洗衣机等产品的外观进行360度无死角扫描，能够精确识别出细微的表面瑕疵；同时，该系统还内置了声音识别模块，可以捕捉电机、压缩机等关键部件的运转噪声，一旦发现异常便能自动预警。通过该系统的应用，海尔的成品检测效率提升了3倍，产品质量投诉率下降了25%。

三、人工智能在供应链管理中的应用

（一）需求预测

传统的需求预测方法主要依赖于统计学模型和专家经验，存在着预测精度不高、无法适应市场变化等缺陷。而基于机器学习的需求预测则能够从海量数据中自动提取关键特征，构建出高度复杂的非线性模型，大大提升了预测的准确性。同时，机器学习算法还具有较好的自适应性，能够根据新的数据不断优化模型参数，使预测结果与市场的动态变化保持同步。

在实践中，零售、制造等行业已经广泛应用人工智能技术进行需求预测。例如，国际零售巨头沃尔玛利用机器学习算法分析销售数据、天气信息、节假日等因素，可准确预测门店的商品需求量，使库存管理更加精细化。又如，可口可乐公司通过人工智能系统整合销售记录、社交媒体数据等，可提前预判各地区的消费趋势，指导生产计划的制订。这些成功案例充分证明了人工智能在需求预测中的巨大潜力。

企业要真正发挥人工智能需求预测的优势，还需要进行系统性的规划和部署。首先是加强数据治理，建立健全的数据采集、存储、管理流程，为人工智能系统输送高质量的数据燃料。其次是加大技术投入，通过引进和培养人工智能人才，构建高效的算法工程团队。最后是优化业务流程，将需求预测与供应链的各个环节紧密结合，形成闭环的智能化运作系统。

（二）库存优化

人工智能技术可以通过对海量数据的分析和挖掘，准确预测未来一段时间内的市场需求。相比人工预测，机器学习算法能够综合考虑历史销售数据、季节性因素、促销活动、经济形势等多种变量，建立起精准的需求预测模型。这种数据驱动的预测方式大大提高了预测的准确性和及时性，使企业能够根据预测结果及时调整生产计划和采购策略，避免过度生产和库存积压的情况出现。

在库存管理的执行层面，人工智能技术也发挥着重要作用。智能仓储系统利用机器视觉、语音识别、自然语言处理等技术，实现了货物的自动识别、分拣和存储。机器人可以代替人工完成繁重的搬运工作，提高了作业效率和准确性。此外，人工智能还能优化仓库布局和货位分配，最大限度地利用仓储空间，降低货物的搬运成本和时间。

智能库存管理系统基于实时的销售和库存数据，利用优化算法持续优化库存策略。它能够根据不同商品的销售周期、需求波动性、供应商交货周期等因素，确定最佳的安全库存水平和订货点，在保障供应的同时使库存成本最小化。当实际库存水平偏离最优值时，系统还能及时预警，提醒管理者采取应对措施。

人工智能技术的应用极大地提升了库存管理的精细化水平和自动化程度，有效降低了人工成本和管理风险。据统计，引入智能库存管理系统后，企业的库存周转率提高了20%以上，库存成本降低了10%以上。这充分证明了人工智能在库存优化中的巨大价值。

（三）物流协调

深度学习等先进算法能够精准预测客户需求，提前规划仓储布局和运力调度，减少货物积压和运力浪费。通过对历史销售数据、天气变化、节假日等因素的综合分析，人工智能系统可以准确预估不同区域、不同时段的配送需求，帮助企业合理安排库存和运力。同时，机器学习算法还能够持续优化配送路线，根据实时交通状况、客户时间窗口等情况自动规划最佳线路，最大限度地提高配送效率、降低物流成本。

在仓储管理环节，人工智能技术也大有可为。借助计算机视觉和自然语言处理技术，智能仓储系统能够自动识别和盘点货物，实现仓储作业的自动化和无人化。机器人等智能设备可以代替人工完成复杂、重复的仓储操作，提高作业效率的同时，也能够最大限度地利用仓储空间，优化库存周转。此外，人工智能还能够基于货物属性、出入库频率等因素优化仓位分配，减少拣选路径，提升仓储效率。

在末端配送环节，人工智能技术同样不可或缺。借助智能调度算法，物流企业可以实现订单的自动分配和路径优化，最大限度地提高配送效率、降低配送成本。同时，人工智能还能够优化配送次序，根据客户时间窗口、货物属性等因素合理安排配送顺序，提高客户满意度。在配送过程中，智能移动终端可以实时记录配送轨迹和签收状态，通过大数据分析实现对配送质量的全流程监控，及时发现并解决配送异常的问题。

四、人工智能在个性化定制生产中的应用

（一）客户需求分析

通过大数据和机器学习算法，人工智能系统能够自动收集和分析海量的客户行为数据，如浏览历史、购买记录、评价反馈等，从而全面刻画客户画像，洞察其潜在的需求和偏好。这种数据驱动的分析方式不仅效率更高，覆盖面更广，而且能够发现人工分析难以捕捉的隐性规律和趋势，为个性化定制提供更加精准的决策依据。

例如，在服装定制领域，某知名品牌利用人工智能技术，对客户的体型数据、穿着习惯、审美偏好等进行深入挖掘和分析，形成了数以万计的个性化版型和款式组合。顾客只需在线提交自己的身材数据和喜好，系统就能自动推荐最适合的服装款式和尺寸，真正实现“量身定制”。这不仅大大提升了顾客体验感和满意

度，也为企业带来了可观的经济效益。

除了服装行业，人工智能驱动的客户需求分析还广泛应用于家居、汽车、美妆等多个领域。通过对用户生活场景、使用习惯的分析，智能系统能够为客户量身打造个性化的产品方案，以满足其独特需求。这种精准定制不仅能够增强产品的吸引力和竞争力，也有助于企业建立更加紧密的客户关系，从而实现长期发展。

(二)定制流程自动化

自动化定制流程的实现依赖于人工智能在感知、分析、决策、执行等方面的能力。首先，智能系统需要通过物联网设备实时采集订单信息、设备状态等数据，感知生产过程的实际情况。其次，系统利用机器学习算法对数据进行分析和挖掘，从海量复杂的信息中提取有价值的规律和知识，例如发现设备故障的先兆、优化生产排程的策略等。再次，基于数据分析的结果，智能系统可以自主制定生产决策，动态调整生产任务和设备参数，以达到高效、精准、灵活生产的目的。最后，决策指令通过工业控制系统传递给生产设备，实现对生产过程的精准控制和实时优化。

通过自动化定制流程，企业可以显著提升生产效率和产品质量。传统的生产模式在面对小批量、多品种的定制需求时，通常需要频繁的人工干预和较长的转产准备时间，而自动化定制流程可以减少人为失误，缩短生产周期，提高订单交付的及时性。同时，智能系统可以精准控制设备运行参数，减少次品率和原材料浪费，从而降低生产成本，提高产品质量的一致性。

此外，自动化定制流程还为企业提供了大规模定制的技术基础。通过数字孪生、虚拟现实等技术，客户可以参与产品的设计过程，根据自己的偏好定制个性化产品。智能系统再结合客户的定制信息优化生产流程，实现规模化定制生产。这种模式不仅满足了客户的个性化需求，也为企业开辟了新的盈利增长点。

第二节　人工智能在数字经济智能物流中的应用

一、智能物流系统的构建与优化

(一)系统架构设计

在感知层面，物联网技术的应用使得海量物流数据的采集成为可能。RFID

电子标签、二维码、GPS定位等感知设备的部署,可以实时捕捉货物流转过程中的关键信息,为后续的分析决策提供数据支撑。通过部署在仓库、运输工具等各个物流节点的传感器,系统能够感知库存状况、车辆位置等物流动态,从而优化调度策略,提升物流时效性。

在分析决策层面,大数据分析技术和人工智能算法同样发挥着关键作用。海量物流数据经过清洗、整合、挖掘,可以揭示货物流转规律、客户需求特征等宝贵的商业洞见。机器学习算法通过对历史数据的训练,能够智能预测未来的货运需求,优化仓储布局和运输路径。知识图谱技术则可以建立起物流业务的语义关联网络,辅助进行智能决策。例如,某跨境电商平台利用知识图谱实现了供应链全流程的可视化管理,大幅提升了物流效率和客户体验。

高效的智能物流平台还需要打通执行层面的"任督二脉"。各类自动化设备如AGV小车、机器人等,能够按照系统指令自主完成装卸搬运、分拣包装等作业,大幅降低人工成本,提高出入库效率。数字孪生、虚拟现实等技术的应用,使得物流全流程的可视化管控成为可能。管理人员通过三维可视化界面,可以实时监测各个物流节点的运行状态,并进行灵活调度。当前,越来越多的智能物流系统开始引入区块链技术,用于优化供应链金融、防范货物造假等场景,为物流参与方提供了可信的协同机制。

打造高效率的智能物流平台,还需要遵循开放互联、协同共享的设计理念。一方面,物流系统内部的各个功能模块要做到互联互通、信息共享,实现全流程的协同优化;另一方面,平台对外要开放接口,融入物流生态,实现与供应链上下游的业务协同和数据互通,更好地发挥协同效应。当前,新一代信息技术与现代物流业的深度融合,正在催生云物流、网络货运等新业态新模式。开放、协同、共享已经成为智能物流发展的新范式。

(二)优化算法应用

1. 遗传算法

遗传算法借鉴了生物进化论的思想,通过模拟自然选择和遗传机制,在复杂的解空间中搜索最优解。它具有全局搜索能力强、鲁棒性好、易于并行实现等优点,特别适用于求解复杂的组合优化问题。在智能物流系统中,遗传算法可用于优化配送路线、仓储布局、装载方案等,能显著提高物流效率和服务水平。

2.蚁群算法

蚁群算法源于对真实蚂蚁群体觅食行为的观察和模拟。蚂蚁在觅食过程中会释放信息素,进而影响彼此的行为,逐步找到最短路径。算法正是利用这一机理,通过信息素的积累和更新,引导搜索朝着最优解方向进行。蚁群算法具有收敛速度快、适应性强、易于结合其他启发式规则等特点。在智能物流领域,它常被用于车辆调度、拣选路径规划等问题的解决,已取得了优异的效果。

3.模拟退火算法

模拟退火算法是一种通用的优化算法,其灵感来源于金属退火过程。算法引入了温度的概念,在高温下允许接受劣解,随着温度的降低逐步朝着最优解收敛。这种机制使算法能够跳出局部最优,最终趋近全局最优。模拟退火算法收敛性好,参数设置较为简单,在智能物流中常用于解决设施选址、库存管理等问题。

除上述三种经典算法外,禁忌搜索、粒子群优化、人工神经网络等现代智能优化算法也在智能物流系统中得到了广泛应用。这些算法各有特色,可根据具体问题的特点进行选择和改进,以达到最佳的优化效果。

(三)物流信息化与自动化技术融合

物流信息化是指利用现代信息技术对物流系统的各个环节进行全面感知、互联互通和智能调控,实现物流运作过程的数字化、网络化和可视化管理。通过部署射频识别、条码、GPS等物联网技术,物流企业可以实时采集货物的位置、状态等关键信息,并通过互联网和移动通信网络进行数据传输和共享,从而实现对物流全流程的动态监测和精细化管理。同时,物流信息化还能够帮助企业优化资源配置,提高物流运作效率,降低物流成本。例如,通过对历史数据的挖掘和分析,物流企业可以准确预测市场需求,合理安排运力和库存,从而避免出现供需失衡的情况。

自动化技术是指利用机械设备、控制系统等实现物流作业过程的自动化、智能化,减少人工干预,提高物流效率和精度。当前,越来越多的物流企业开始应用自动化立体仓库、无人搬运车、机器人分拣系统等先进设备,实现仓储、运输、分拣等环节的自动化作业。例如,京东、菜鸟等电商物流巨头纷纷建设大型自动化仓储基地,利用机器视觉、人工智能等技术实现商品的自动上架、拣选、打包和发货,大大提升了仓储作业的效率和准确率。同时,自动化技术还能够有效地改善作业环境，减轻工人的劳动强度，降低工伤事故的发生率。

二、智能仓储管理技术

(一)自动化存储与检索系统(AS/RS)

AS/RS的基本构成包括货架系统、搬运设备、输送系统以及计算机控制系统等。其中，货架系统采用高密度存储方式，通过巧妙的空间利用最大限度地提高了仓储容量；搬运设备如堆垛机、穿梭车等能够实现货物的快速存取和移动；输送系统则将不同区域的货物运输联系起来，形成高效的物流通道；计算机控制系统利用先进的算法和策略优化系统运行，合理调度各部件协同工作。

随着人工智能、大数据等新兴技术的发展，AS/RS呈现出智能化的发展趋势。智能AS/RS引入了机器视觉、智能识别、自主导航等技术，使存储设备具备一定的环境感知和自主决策能力。例如，智能化的穿梭车可根据实时的货位信息和任务需求自主规划行进路径，动态优化作业顺序，从而进一步提升系统的灵活性和适应性。此外，大数据分析技术的应用使AS/RS能够根据历史数据和实时信息优化库存布局和补货策略，提高空间利用率和响应速度。

AS/RS在各领域得到了广泛应用，特别是在电商、制造、医药等对仓储要求较高的行业。以电商领域为例，面对海量的SKU和高频的订单处理需求，传统的人工作业模式已难以为继。引入AS/RS后，电商企业能够实现订单的快速拣选、打包和发货，大幅缩短了订单履行周期，提升了客户体验。同时，AS/RS还能有效管控库存，减少商品积压和过期的问题，降低运营成本。

(二)管理系统中的机器视觉与感知技术

机器视觉是一种用计算机模拟人眼功能，对目标进行识别和理解的技术。在智能仓储场景下，机器视觉系统通过摄像头采集货架、货物的图像信息，利用图像处理算法对其进行分析和识别。例如，通过对货物外观特征的提取和匹配，机器视觉可以准确识别出不同种类的货物，并自动录入仓储管理系统。再如，通过对货架空间的尺寸测量和货位识别，系统可以精准定位每一件商品的具体位置。这不仅提高了出入库效率，减少了人工操作失误，更为库存管理、订单拣选等环节提供了可靠的数据支撑。

除识别和定位功能外，机器视觉在货物质量检测、安全监控等方面也有广泛的应用。传统的人工抽检往往只能覆盖有限的样本，且受主观因素影响较大。引入机器视觉后，可对所有入库商品进行全面的外观检测，及时发现破损、变质等质量问题。同时，机器视觉还可以对仓储作业全流程进行实时监控，包括人员行为、设备运行状态等，一旦发现异常情况，系统就会自动预警，保障仓储作业安全。

随着人工智能技术的飞速发展，除了机器视觉，各类感知技术也在智能仓储领域崭露头角。例如，RFID 射频识别技术可以对货物进行快速、准确的批量化管理；红外、激光等传感器可以对仓储环境进行实时监测，掌握温湿度、空气质量等信息；力觉、触觉传感器则在机器人货物搬运中得到应用，通过感知货物的重量、材质等，引导机器人实现精准操作。

感知技术与机器视觉的结合，进一步拓展了智能仓储的应用场景和功能边界。一方面，多源异构的感知数据为仓储决策优化提供了更加全面、精准的依据。通过对货物特征、库存状态、环境因素等多维度数据的分析和挖掘，仓储管理系统可以实现智能调度、动态优化，提升整体运营效率。另一方面，在对自动化设备的控制中，视觉感知技术也发挥着关键作用。例如，在 AGV 小车导航、智能分拣机器人抓取等场景中，都需要视觉系统提供实时、准确的位置和姿态信息，引导设备完成相应动作。

（三）基于 RFID 技术的库存管理创新

在 RFID 技术的支持下，企业可以建立一套完善的智能库存管理系统。该系统通过在货架、仓库出入口等关键节点布置 RFID 读写器，对贴有电子标签的库存商品进行自动盘点和跟踪。当商品进出仓库或在库内移动时，RFID 读写器能够自动识别并记录其位置和数量变化，实现库存数据的实时更新。管理人员通过系统平台，可以随时查询库存状态，掌握商品的详细信息，如批次、保质期、所在位置等，从而做出及时、准确的调拨和补货决策。

RFID 技术还为库存管理提供了可视化和智能化的解决方案。通过与其他信息技术的集成，如大数据分析、人工智能等，智能库存管理系统能够深度挖掘库存数据的价值，优化库存结构，预测未来需求。例如，系统可以根据历史销售数据和市场趋势，利用机器学习算法建立需求预测模型，提前判断各类商品的最佳库存水平，有效避免因库存短缺或过剩造成的经济损失。同时，基于 RFID 的可视化管理让复杂的仓储作业变得直观、易控，管理人员可以通过电子地图清晰地了解库存分布和货架利用率，合理规划和调度库内资源。

此外，RFID 技术为实现供应链上下游的信息共享和协同管理提供了便利。

通过将 RFID 数据与 ERP、WMS 等企业管理系统对接，可以打通从生产到销售的全流程数据链，实现库存信息在供应链节点间的及时传递。供应商能够实时了解客户的库存状况，优化生产计划和发货时间；零售商则可以根据终端销售数据，及时调整铺货策略。供应链各方通力协作，可最大限度地降低“牛鞭效应”，减少库存积压和脱销风险。

三、物流数据分析与预测

（一）数据挖掘技术在库存管理中的应用

通过对历史销售数据的深入挖掘，企业可以准确预测未来一段时间内的产品需求，从而合理安排生产计划和采购策略，避免出现库存积压或短缺的情况。例如，通过对不同季节、不同地区的销售数据进行对比分析，数据挖掘技术能够识别出销售高峰期和淡季，提前调整库存水平，既能满足旺季的销售需求，又能减轻淡季的库存压力，实现库存的动态平衡。

数据挖掘技术还可以帮助企业优化仓储布局和存货周转。通过分析产品的销售频率、保质期限、供应商送货周期等因素，合理划分 ABC 等级，对于需求量大、周转快的 A 类品实施重点管控，缩短订货时间和采购周期；对于需求量小、周转慢的 C 类品则可以降低库存水平，减少资金占用。同时，数据挖掘技术可以识别滞销品和呆滞品，为其制定促销策略或及时清理产品提供思路，进而盘活库存资产。

此外，数据挖掘技术在供应商管理中也大有作为。通过收集和分析供应商的交货周期、产品质量、价格波动等数据，可辨识出优质供应商和潜在风险，择优选择合作伙伴。数据驱动的供应商评估有助于构建稳定可靠的供应链体系，降低采购成本和库存风险。

（二）预测分析技术在需求规划中的价值

从数据来源看，预测分析技术能够整合内外部多源异构数据，包括销售记录、客户行为、社交媒体、宏观经济指标等，形成全面立体的数据视图。通过对这些数据的清洗、集成和关联分析，预测模型能够深入洞察影响需求的关键因素，如季节性、促销活动、竞争格局等，从而提高预测的针对性和准确性。

从分析方法看，预测分析技术融合了统计学、机器学习、数据挖掘等多种方法。传统的时间序列分析、回归分析等奠定了预测的理论基础，而机器学习算法如神经网络、支持向量机等则赋予了预测模型更强的非线性拟合和泛化能力。此外，数据挖掘技术还能发现数据中潜在的模式和规律，揭示需求的影响因素和演变规律。多种方法的综合应用，能够不断提升预测分析的深度和广度。

从应用场景看，预测分析技术能够支撑企业需求规划的全流程优化。在战略层面，预测分析技术可以预判行业的发展趋势，辅助企业制订长期规划；在计划管理层面，滚动预测能够动态调整生产计划，平衡需求波动与产能负荷；在执行层面，实时预测可触发智能补货，优化库存。预测分析与需求规划的深度融合，正在重塑传统的计划驱动型供应链，推动形成以需求为牵引的敏捷供应链新模式。

（三）人工智能辅助的物流决策支持系统

通过机器学习算法，物流决策支持系统能够从历史数据中自动提取有价值的规律和模式，并用于指导未来制定决策。例如，通过分析历史订单数据，系统可以预测未来一段时间的需求量，帮助企业合理安排库存和运力。再如，通过对运输路径的优化，系统可以帮助物流企业选择最经济、最高效的配送方案，以降低运输成本。自然语言处理技术让系统能够直接理解和执行物流工作人员的语音指令，大大提高了人机交互的效率。

知识图谱技术让物流决策支持系统具备了更强大的信息整合和关联分析能力。通过构建涵盖货物、仓库、车辆、客户等各类实体的知识图谱，系统可以深入挖掘实体之间的内在联系，实现精准的信息检索和智能问答。例如，当客户询问某批货物的状态时，系统可以根据知识图谱迅速定位相关信息，并给出准确、完整的答复。

此外，人工智能驱动的物流决策支持系统还能够提供实时动态的决策建议。通过部署物联网传感器，系统可以实时采集货物状态、车辆位置、路况信息等数据，结合机器学习模型的分析预测，为物流调度人员提供可视化的决策参考，帮助其快速应对突发状况，及时调整物流策略。

四、无人驾驶技术在物流中的应用

（一）无人运输车辆（UTV）的运营模式

UTV 的运营模式具有高度灵活性和可扩展性。在封闭场景如园区、港口、矿山等，UTV可采用固定路线循环运输的方式，通过精确的路径规划和调度优化，实现货物的高效周转。而在开放道路环境中，UTV则需要具备更强大的环境感知和自主决策能力，以应对复杂多变的交通状况。基于实时路况信息和车辆位置数据，UTV可动态优化运输路径，避开拥堵路段，提升物流时效。同时，UTV车队可通过云平台进行集中管控和调度，实现多车协同，提高整体运行效率。

UTV的应用场景十分广泛。在工厂内部物料配送、跨区域干线运输、城市配送等领域，UTV都能发挥其自动化、智能化优势，显著提升物流运营效率。以智慧港口为例，部署UTV作业车辆，可实现港口内部集装箱等货物的自动化转运、堆存等作业，优化港口流程，提高码头通过能力。再如在电商领域，UTV可用于仓储内部的货物搬运、分拣等环节，提升出入库效率，缩短订单处理周期。

UTV的运营离不开完善的基础设施和管理体系。首先，要构建高精度的数字地图和定位系统，为UTV提供可靠的导航和定位服务。其次，要建立车辆监控和调度平台，实现对UTV车队的实时监测和统一调配。再次，还需制定相应的安全管理制度和应急预案，确保UTV运行的安全性和可靠性。最后，UTV车辆还需要定期的维护和保养，以保证其性能的稳定性。

UTV技术的发展对物流从业人员提出了新的能力要求。一方面，UTV的运行需要专业的技术团队作支撑，具备机器视觉、深度学习等人工智能技能的复合型人才将成为物流企业的核心竞争力。另一方面，UTV将部分替代传统的司机等岗位，但同时也将催生出车队监控、远程调度等新兴工种。物流从业者需要不断学习新技术、新技能，提升与UTV系统协同工作的能力，从而更好地驾驭智能物流时代。

（二）无人技术对物流安全与法规的影响

无人技术在物流领域的应用为行业发展带来了新的机遇，但同时也对物流安全与法规提出了更高要求。一方面，无人运输车辆、无人机等智能设备的投入使用，大大提升了物流效率，降低了人工成本，推动了行业的智能化升级。这些设备能够24小时不间断工作，还能根据实时路况自主规划最优路线，有效地缓解了人力资源紧张的问题。另一方面，在危险品运输、恶劣环境作业等特殊场景下，无人设备可以替代人工作业，保障作业人员的生命安全。

然而，无人技术在物流领域的应用也带来了新的安全隐患和法律挑战。首先，无人设备的可靠性和稳定性有待进一步提升。设备故障、程序漏洞等问题可能导致严重的交通事故或货物损失。一旦发生此类事故，涉及的法律责任认定将较为复杂。其次,无人设备的应用可能带来网络安全风险。黑客入侵、数据泄露等网络安全事件可能对物流系统造成严重损害,将危及客户隐私和商业机密。

同时,现有的法律法规对无人技术的规范还有待完善。如无人机的飞行高度、航线审批、电子围栏设置等方面缺乏明确标准,无人车辆的上路测试、事故责任认定也存在法律空白。这就要求物流企业在大力发展无人技术的同时,必须加强安全管理,完善应急预案,同时积极参与行业标准和法规的制定,推动形成有利于技术创新和行业发展的法治环境。

第三节　人工智能在数字经济智能服务中的应用

一、人工智能在智能客服系统中的应用

(一)自然语言处理技术的应用

自然语言处理技术的核心在于让计算机理解人类的语言,并做出恰当的反馈。在智能客服系统中,这一技术主要用于语义理解和意图识别。通过对客户咨询内容进行语义分析,系统能够准确把握问题的关键信息,并在知识库中快速检索出最相关的答案。同时,意图识别技术可以分辨客户话语背后的真实需求,从而给出针对性的解决方案。这不仅大大缩短了客户等待的时间,也避免了因客服人员专业水平参差不齐而导致的服务质量的波动。

此外,自然语言处理技术还为智能客服系统带来了强大的语言生成能力。基于海量的历史服务数据,系统可以学习优秀客服的回答模式和语言风格,自动生成流畅、易懂的答复内容。这不仅减轻了客服人员的工作负担,也使得服务响应更加规范和专业。借助自然语言生成技术,智能客服系统还能根据客户的喜好,动态调整回复的语气和内容,营造出轻松愉悦的服务氛围,进而提升客户满意度。

当然,要真正发挥自然语言处理技术在智能客服系统中的潜力,还需要攻克一些技术难关。首先,构建高质量的领域知识库是关键所在。只有不断扩充和优化知识库,才能为语义理解和问答生成提供充足的素材,以应对各种复杂多样的客户咨询。其次,如何平衡技术成本与服务体验也是一大挑战。过于追求人工智能的高深,可能会导致系统响应迟缓、成本高昂;而过度简化算法,又难以满足客户日益提高的期望值。因此,智能客服系统的设计和实施,需要在技术和业务两

个维度进行综合权衡。

随着自然语言处理技术的不断进步，智能客服系统必将迎来更加广阔的应用前景。一方面，人机对话将变得更加自然流畅，甚至难以区分；另一方面，客服知识库的自动构建和更新将成为可能，使系统具备自主学习和进化的能力。同时，情感计算、用户画像等前沿技术的引入，也将赋予智能客服更加人性化、个性化的特征。可以预见，未来的智能客服系统不仅能够高效解决客户问题，更能通过主动关怀和情感陪伴，成为企业构建客户关系、塑造品牌形象的重要抓手。

（二）机器学习在客户行为分析中的作用

从客户细分的角度来看，机器学习可以通过聚类算法将客户划分为不同的群体，进而识别出高价值客户、潜在客户等重点服务对象。基于客户细分结果，企业可以制定差异化的营销方案和服务策略，实现精准触达和个性化服务。例如，电商平台可以根据客户的浏览、购买历史，利用机器学习算法预测其对不同商品的偏好，从而推送个性化的商品推荐，提升客户的购物体验和转化率。

从客户流失预警的角度来看，机器学习可以通过分析客户的行为轨迹，及时发现潜在的流失风险。通过构建客户流失预测模型，机器学习算法能够综合考虑客户的活跃度、购买频率、互动情况等多维度特征，准确识别出高风险客户群体。基于预警结果，企业可以采取针对性的挽留措施，如个性化促销、专属服务等，最大限度地降低客户流失率。

从服务质量优化的角度来看，机器学习可以通过分析客户反馈的数据，如客户评价、投诉记录等，快速发现服务流程中的痛点和不足。利用自然语言处理、情感分析等技术，机器学习算法能够自动提取客户反馈中的关键信息，识别出负面情绪和具体问题。基于分析结果，企业可以有的放矢地改进服务流程，以提升客户满意度和忠诚度。

（三）智能客服系统的挑战与发展趋势

从法律法规层面看，我国已经出台了一系列与个人信息保护相关的法律法规，如《中华人民共和国网络安全法》《中华人民共和国个人信息保护法》等，对个人信息的收集、存储、使用等行为作出了明确规定。智能客服系统作为涉及大量用户隐私数据的应用，必须严格遵守相关法律规定，建立健全的隐私保护机制。这包括但不限于：制定明确的隐私政策，告知用户数据收集的目的、方式和使用范围;对收集的数据进行脱敏处理,防止用户隐私泄露;建立数据安全管理体系,采取加密、访问控制等技术手段保护用户的数据;为用户提供便捷的个人信息查询、更正、删除渠道,充分保障用户对自身信息的控制权。

从技术创新层面看,智能客服系统需要在算法模型设计和数据处理方面不断优化,在保证服务质量的同时最小化对用户隐私的侵犯。例如,采用联邦学习、差分隐私等隐私保护机器学习技术,在不直接接触原始用户数据的情况下实现模型训练和优化;利用区块链技术构建去中心化的用户数据管理机制,赋予用户更多的数据自主权;开发面向隐私保护的对话生成模型,避免在客服回复中泄露用户的隐私信息。这些技术创新为智能客服系统隐私保护和个性化服务之间的平衡问题提供了新的解决思路。

从服务模式层面看,智能客服系统需要树立"以用户为中心"的理念,在尊重用户隐私的前提下提供个性化服务。这意味着要充分尊重用户的知情权和选择权,为用户提供清晰、透明的个人信息收集和使用说明,让用户自主决定是否授权系统收集和使用个人数据。同时,智能客服系统还应该为不同隐私偏好的用户提供差异化的服务方案。对于注重隐私保护的用户,可以提供去个性化的标准化服务;而对于愿意共享更多个人信息的用户,则可以提供更加精准、个性化的服务。这种差异化的服务模式有助于在尊重用户隐私的同时,最大限度地满足用户的个性化需求。

二、人工智能在智能医疗服务中的应用

(一)医疗影像诊断中的深度学习应用

深度学习是一种模仿人脑神经网络结构和功能的机器学习方法,通过构建多层次的神经网络模型,实现对复杂数据的特征提取和抽象表示。在医疗影像诊断领域,深度学习算法可以自动分析海量的医学影像数据,从中学习提取疾病特征,并建立起高效准确的诊断模型。与传统的人工诊断方法相比,深度学习具有速度快、精度高、稳定性好等优势,能够大幅提升医疗影像诊断的效率和准确性。

以计算机辅助诊断(CAD)系统为例,它利用深度学习算法对医学影像进行自动分析和识别,协助医生进行疾病诊断。在肺结节检测中,传统的 CAD 系统容易受到假阳性结节的干扰,导致漏诊率较高。而基于深度学习的 CAD 系统可以从海量的 CT 影像中自动提取结节特征,建立起精准的检测模型,有效降低漏诊率和误诊率。同时,深度学习还可以对结节进行良恶性判别,为后续的临床决策提

供重要参考。

在乳腺癌诊断中,深度学习同样展现出卓越的性能。乳腺X线摄影是乳腺癌筛查的主要手段,但其判读对医生的经验和专业性要求较高,容易出现漏诊或误诊的情况。研究表明,采用深度学习算法对乳腺X线影像进行分析,可以自动识别出微小的肿块和钙化灶,准确率与专业放射科医生相当,甚至更高。这不仅减轻了医生的工作负担,也提高了早期乳腺癌的检出率,为患者赢得了宝贵的治疗时间。

深度学习在眼科疾病诊断中的应用也取得了显著成效。以糖尿病视网膜病变为例,它是糖尿病患者常见的并发症,若不及时发现和治疗,可导致严重的视力损害,甚至失明。传统的眼底筛查需要眼科医生对视网膜图像进行逐一判读,工作量大、效率低,且诊断的主观性较强。而基于深度学习的自动诊断系统则可以快速、准确地识别出视网膜病变的早期迹象,如微血管瘤、出血斑等,为患者提供及时的预警和干预。

(二)预测性分析在慢性病管理中的应用

以糖尿病足部溃疡为例,传统的临床评估主要依赖医生的主观经验,难以全面考虑患者的各项风险因素。而基于机器学习算法的预测模型则能够整合患者的血糖控制情况、足部血流灌注状况、神经病变程度等多维度数据,客观评估其发生足部溃疡的风险。对于高风险患者,医疗团队可以提前制订严格的血糖管理方案,加强足部护理和对患者的教育,从而最大限度地避免溃疡的发生。这不仅能够减轻患者的痛苦,还能显著降低医疗费用支出。

预测性分析在慢性阻塞性肺疾病(COPD)的管理中同样大有作为。通过对患者的肺功能检查结果、吸烟史、急性加重史等数据进行挖掘分析,预测模型能够推断患者未来病情进展的轨迹,识别出可能出现频繁急性加重或快速肺功能下降的高危人群。这为制定有针对性的管理策略提供了重要参考,如加强戒烟宣教、优化药物治疗方案、积极预防呼吸道感染等,从而延缓疾病进程,提高患者的生活质量。

此外,预测性分析还能够助力慢性心力衰竭的管理。心衰患者的预后与多种因素密切相关,如左室射血分数、肾功能状态、血液生物标志物水平等。将这些异构数据纳入预测模型,可以较为准确地判断患者短期内再次入院或死亡的风险。对于高危患者,医疗团队可以密切监测其病情变化,优化药物治疗方案,加强健康教育,必要时可提供远程医疗服务,从而降低患者的再住院率,改善预后。

然而,要真正发挥预测性分析在慢性病管理中的潜力,尚需攻克一些技术和伦理挑战。首先,预测模型的性能在很大程度上取决于数据的质量和数量。这就要求医疗机构构建高质量的慢性病数据库,完善电子病历系统,统一数据采集和存储标准。其次,预测性分析涉及患者隐私数据的采集和利用,需要建立完善的伦理审查和知情同意机制,确保患者的隐私权和知情权。最后,预测结果仅仅是一种参考,并不能完全替代医生的临床判断。如何将预测性分析与临床经验有机结合,制定出最优的管理决策,仍需要医疗团队进行深入研究和实践探索。

(三)智能医疗设备与远程监控

借助于物联网、大数据、人工智能等新兴技术,智能医疗设备能够实时采集患者的生理数据,如心率、血压、血糖等关键指标,并通过网络传输至云端平台进行存储和分析。医疗专家可以远程访问这些数据,及时掌握患者的健康状况,并根据需要提供个性化的诊疗建议。这种远程监控模式不仅能够提高医疗服务的可及性和便捷性,更能够实现对患者健康状况的动态管理和早期预警。

以慢性病管理为例,智能可穿戴设备的普及使得患者能够在日常生活中持续监测自身的生理指标,并将数据上传至云端。医疗团队可以据此评估患者的病情进展,及时调整治疗方案,同时还可以通过智能设备向患者发送用药提醒、生活指导等信息,帮助其养成良好的自我管理习惯。这种远程监控模式不仅能够降低患者的就医频次,减轻医疗机构的负担,更能够提高慢性病管理的效果,提高患者的生活质量。

在急危重症救治领域,智能医疗设备与远程监控技术的应用也发挥着重要作用。例如,远程心电监护系统能够实时传输患者的心电数据,使得专家能够及时发现心律异常等状况,指导现场医护人员进行急救处置。再如,远程会诊系统能够实现医疗专家与现场医生的实时音视频交互,协助完成疑难病例的诊断和治疗决策。这些应用有效延伸了优质医疗资源的服务半径,提升了基层医疗机构的诊疗能力。

三、人工智能在智能金融服务中的应用

(一)算法交易在资本市场中的应用

算法交易系统通过对海量金融数据进行实时分析,能够快速识别市场趋势和交易机会。复杂的机器学习模型能够从纷繁复杂的市场信息中提取出有价值的特征,并基于历史数据和实时行情进行策略优化。这使得算法交易能够以远超人类的速度和精度,对市场变化作出快速反应,实现高频交易和套利。同时,算法交易还能够有效控制投资风险。智能化的风控模型能够实时监测市场风险,动态调

整仓位，严格控制回撤和损失，大大降低了投资者的风险敞口，提高了投资组合的稳健性。

此外，算法交易还促进了市场流动性和定价效率的提升。高频交易算法能够快速匹配买卖双方的订单，缩小买卖价差，提高市场流动性。而量化投资策略则能够基于公司基本面和市场数据，对证券进行合理定价，减少市场的非理性波动。这有利于提升资本市场的资源配置效率，促进经济的健康发展。

（二）信用评估与风险管理的智能化

传统的信用评估与风险管理主要依赖于人工经验和统计模型，存在效率低下、主观性强等问题。而人工智能技术，尤其是机器学习算法，能够从海量的数据中自动提取特征，建立复杂的非线性模型，大幅提升信用评估与风险管理的精确度和效率。例如，基于深度学习的信用评分模型能够综合考虑借款人的各类信息，包括收入、资产、负债、信用记录等，从而对其违约风险作出更加准确的预测。这不仅能帮助金融机构控制信贷风险，也能让更多信用良好但缺乏传统信用记录的群体获得金融服务。

在风险管理领域，人工智能技术同样大有可为。通过对交易数据、行为数据等的实时分析，智能风控系统能够及时发现异常交易和欺诈行为，大幅降低金融机构的操作风险。此外，自然语言处理、知识图谱等技术还能帮助金融机构从非结构化数据如新闻报道、监管文件中挖掘有价值的风险信息，提升全面风险管理的能力。

人工智能赋能的信用评估与风险管理不仅能够提高金融机构的风险防控水平，也有利于优化资源配置，促进普惠金融的发展。传统的风控模式往往偏好大企业、高净值客户，而人工智能技术能够降低小微企业、普通消费者的信用评估成本，帮助其获得更多的金融支持，从而推动经济的包容性增长。

四、人工智能在智能家居服务中的应用

（一）语音识别与智能助手

在技术层面，语音识别智能助手的实现离不开声学模型、语言模型、自然语言理解等多项核心技术的支持。声学模型负责将语音信号转化为文本，语言模型则对文本的语法、语义进行理解和分析。随着深度学习算法的引入，语音识别的准确率和稳健性得到显著提升。同时，知识图谱、情感计算等技术的应用，使得智能

助手能够更加精准地理解用户意图，进而为其提供个性化的服务。

智能音箱是语音交互在智能家居领域应用的典型代表。用户只需对着音箱说出指令，即可实现对家中各种设备的控制，如调节空调温度、打开电视、播放音乐等。一些智能音箱还集成了语义理解和对话管理功能，能够与用户进行简单的多轮对话，提供咨询、闹钟、备忘等日常助理服务。此外，智能音箱还可以作为智能家居的控制中心，协调管理其他物联网设备，实现场景联动和自动化控制。

随着物联网技术的发展，越来越多的家电产品也内置了语音交互功能。用户不再需要逐一操作遥控器或开关，只需用语音下达指令，即可实现对电视、空调、洗衣机等设备的控制。一些智能家电还支持远程语音控制，用户即使不在家中，也能够通过手机 App 对家电进行操控和管理。这种跨场景、跨设备的语音交互大大提升了用户体验，为智慧生活带来了更多便利。

语音交互为智能家居的无障碍应用提供了可能。对于老年人、残障人士等群体而言，其在使用传统的按键、触控等交互方式时可能存在困难。而语音控制则提供了一种更加自然、友好的人机交互途径。用户无须专门学习复杂的操作，只需用日常语言表达需求，即可轻松完成各种任务。这无疑扩大了智能家居的受众群体，让更多人能够共享科技发展的成果。

在安全防范方面，语音交互也发挥着重要作用。用户可以通过语音指令对门锁、监控摄像头等安防设备进行控制，随时掌握家中的动态。一些智能安防系统还加入了声纹识别技术，通过分析用户的语音特征进行身份认证，防止非法入侵。同时，智能助手还可以主动监测室内环境，如发现可疑声响或危险情况，可立即向用户发出警示，第一时间处理安全隐患。

（二）机器视觉在居家安全中的应用

机器视觉技术通过摄像头采集居家环境的图像和视频数据，并利用计算机视觉算法对其进行分析和理解。目标检测算法可以从视频画面中准确识别出人、宠物、车辆等目标对象，并实时跟踪其运动轨迹。异常行为分析算法则能够根据目标的移动速度、轨迹特征判断其行为是否异常，及时发现可疑入侵、徘徊、打砸等威胁居家安全的行为。

此外，机器视觉还可以与其他智能家居设备实现联动，构建起全方位立体化的住宅安防体系。当监控系统检测到可疑目标时，可以自动控制智能门锁、窗帘等设备，对入侵行为进行阻断。同时，系统还会通过手机 App 推送报警信息，提醒户主及时采取应对措施。户主还可以通过手机远程查看家中实时画面，掌控家中动态。

将机器视觉技术应用于居家安全监控，不仅能够大幅提升威胁识别的准确率和实时性，减少漏报、误报情况，还能通过数据积累不断优化算法模型，使系统更加智能化、个性化。对于普通家庭而言，机器视觉技术是一种经济实惠且易于安装部署的安防升级方案。

随着居民安全意识的提高和智能家居的普及，机器视觉技术有望在未来得到更加广泛的应用。一方面，随着视觉传感器件的小型化、低成本化发展，以及边缘计算、物联网等技术的进步，机器视觉技术将变得更加易于集成和普及。另一方面，5G、云计算等信息基础设施的发展，也为机器视觉技术在智能安防领域的应用提供了有利条件。

(三)智能家居与个人隐私保护

智能家居设备通过收集和分析用户的行为数据，如生活作息、家庭成员互动等，来实现个性化服务和智能化控制。然而，这些看似琐碎的数据却可能揭示个人的生活习惯、身份特征，甚至构成对隐私的侵犯。

个人隐私保护与智能家居便利性之间的平衡，成为亟须解决的问题。一方面，用户希望享受智能家居带来的便捷生活；另一方面，用户也期望自己的隐私能够得到充分保障。这种看似矛盾的诉求，实际上反映了人们对美好生活的向往。

为了实现智能家居便利性与隐私保护的双赢，需要在技术、法律、伦理等多个层面采取措施。首先，智能家居企业应加强数据安全技术的研发与应用，通过数据加密、去身份化等手段，最大限度地保护用户隐私。其次，应完善相关法律法规，明确智能家居企业收集、使用个人数据的边界，严厉打击数据滥用行为。最后，要加强行业自律和企业社会责任，树立“隐私至上”的价值理念，自觉履行保护用户隐私的义务。

同时，提升用户的隐私保护意识和数据主权观念也十分重要。智能家居企业应为用户提供隐私设置选项，赋予其对个人数据的知情权、控制权。用户也应主动学习隐私保护知识，理性看待智能家居的隐私风险，在享受便利的同时，更好地维护自身权益。

个人隐私保护是智能家居时代的重要课题，需要多方共同努力。通过技术创新、法律规制、行业自律、个人意识等多管齐下的方式，我们有望在智能家居便利性和隐私保护之间找到最佳平衡点。唯有如此，智能家居才能真正成为提升人类生活品质的利器，而非侵犯隐私的帮凶。要想实现智能家居的可持续、包容性发展，就需要社会各界的共同参与和持续探索。

第五章　人工智能在数字经济商业模式创新中的应用

第一节　人工智能驱动的数字经济商业模式创新

一、人工智能在商业模式设计中的应用

（一）个性化产品设计

通过机器学习算法对海量用户数据进行分析，人工智能系统能够深入洞察不同用户群体的喜好特征和行为模式。基于这些洞察，设计师可以细分用户群体，识别其独特的需求和痛点，从而开发出更加契合用户期望的个性化产品方案。例如，在服装设计领域，人工智能可以根据用户的身材特点、穿衣风格、场景需求等因素，智能生成独一无二的服装款式和搭配建议，让每一位用户都能拥有专属于自己的时尚体验。

人工智能驱动的个性化设计不仅能提升用户的满意度，增强品牌竞争力，还能显著提高设计效率，缩短产品的开发周期。通过自动化设计工具和智能辅助系统，设计师可以快速生成多样化的设计方案，并实现实时预览效果，大大减少了反复修改和试错的时间成本。同时，人工智能还能优化设计参数，模拟产品性能，减少样品试制环节，从而加速产品的迭代升级。

在产品个性化定制的背后，是设计思维的深刻变革。人工智能让设计师从烦琐的低层次工作中解放出来，将更多的时间和精力投入到创意策划、用户研究等高价值环节。设计师不再是简单的方案执行者，而是用户需求的洞察者和引导者。他们需要具备跨学科的知识融合能力，深入理解用户的心理和行为特征，洞悉技术的发展趋势，推动产品设计从经验驱动向数据和用户驱动转变。

（二）服务模式创新

在智能客服领域，人工智能正发挥着越来越重要的作用。传统的客服模式往往难以满足用户日益增长的服务需求，存在响应不及时、服务质量参差不齐等问

题。而基于自然语言处理、知识图谱等技术的智能客服系统，能够24小时不间断地为用户提供专业、高效的服务。通过对海量客户问询数据的分析和学习，智能客服能够准确理解用户意图，快速匹配最优答案，大大提升了客户问题的解决效率。同时，智能客服还能根据用户画像和行为数据，主动为用户推荐个性化的产品和服务，提供更加贴心、周到的服务体验。

在智能推荐方面，人工智能技术的应用使得企业能够基于用户的历史行为、偏好特征等数据，构建精准的用户画像和推荐模型。通过分析用户的浏览、购买、评价等行为数据，智能推荐系统能够深入洞察用户的兴趣爱好和消费习惯，实现个性化推荐。这不仅能够帮助用户快速发现其感兴趣的产品和服务，节约时间成本，还能促进企业的精准营销和交叉销售，提升转化率和客单价。典型的应用场景包括电商平台的商品推荐、视频网站的内容推荐、新闻App的信息推送等。

在智能预测和决策优化领域，人工智能正帮助企业实现服务模式的创新和升级。通过对海量业务数据进行挖掘和分析，机器学习算法能够发现隐藏在数据背后的规律和趋势，为企业的决策制定提供有力支撑。例如，在供应链管理中，智能预测模型能够基于历史销售数据、市场趋势等因素，准确预测未来一段时间的产品需求量，帮助企业优化库存管理和资源调度，降低供应链成本。在动态定价方面，智能算法能够根据市场供需变化、竞争对手策略等实时调整产品价格，进而使企业收益最大化。

（三）经营策略优化

传统的企业经营决策主要依赖于管理者的经验和直觉，存在主观性强、效率低下等问题。而AI技术则可以通过机器学习算法，自动分析海量的市场数据、消费者行为数据，挖掘其中隐藏的规律和趋势，为企业提供更加精准、客观的决策依据。例如，AI技术可以通过对历史销售数据的深入分析，准确预测未来一段时间内的市场需求变化，帮助企业合理安排生产计划和库存管理，从而降低经营风险。

同时，AI技术还能够实时监测和分析市场环境的变化，及时发现潜在的机会和威胁，为企业的战略调整提供决策支持。基于机器学习算法，AI系统可以不断学习和优化经营策略，自动调整营销方案、产品定价等，使企业能够快速适应市场变化，保持竞争优势。例如，一些电商平台利用AI技术对消费者的浏览、购买行为进行分析，实现个性化推荐和动态定价，大大提高了营销效果和销售额。

AI技术在企业经营决策中的应用，还体现在对内部管理流程的优化上。通过对企业内部的财务数据、生产数据、人力资源数据等进行智能分析，AI系统可以发现管理中存在的问题和潜在的风险，为企业的流程再造和管理创新提供决策依据。例如，某些制造企业利用AI技术对生产设备的运行数据进行实时监测和分析，预测设备的故障风险，制订科学的维护计划，从而大幅度提高了生产效率和产品质量。

二、人工智能在市场需求预测中的应用

（一）消费行为分析

通过应用自然语言处理、情感分析等技术，人工智能可以自动分析消费者在社交媒体、电商平台、客服系统等渠道留下的文本数据，识别其中蕴含的情感倾向、偏好特征，甚至是潜在的购买意向。这些信息对于理解消费者的真实需求，把握市场动向具有重要价值。同时，人工智能还能够整合多源异构数据，如用户的浏览历史、交易记录、地理位置等，构建起更加立体、全面的用户画像，为精准营销和个性化推荐提供支持。

在需求预测方面，人工智能技术同样大有可为。传统的需求预测主要依赖于历史销售数据和统计模型，很难适应市场的快速变化和突发事件的影响。而机器学习算法可以实时处理来自各种渠道的数据，动态调整预测模型，提高预测的准确性和时效性。例如，通过分析用户的搜索行为、浏览轨迹，结合外部环境因素如天气、节假日等，人工智能可以预测未来一段时间内某个商品或服务的需求量，帮助企业优化库存管理，进而提高供应链效率。

此外，人工智能技术还为消费行为分析提供了新的视角和工具。借助计算机视觉、语音识别等技术，企业可以分析消费者在实体店内的行为轨迹、情绪变化，甚至是对商品的评论和反馈，从而更加全面、客观地评估消费者体验，优化店面布局和服务流程。而在线上场景中，人工智能可以通过分析用户的点击、浏览、购买等行为，构建用户的兴趣图谱和行为模型，预测其未来的消费倾向，为个性化推荐和精准营销提供依据。

（二）库存管理

传统的库存管理模式往往依赖人工经验和直觉，存在效率低下、准确性不足等问题。而人工智能技术的引入，为库存管理带来了革命性的变革。通过对海量历史数据的挖掘和分析，AI算法能够精准预测未来一段时间内的市场需求变化，

帮助企业合理制订采购和生产计划，避免因需求预测失误而导致的库存积压或脱销问题。

同时，人工智能还能够实时监测库存状态，优化库存周转。智能仓储管理系统利用物联网技术，通过 RFID 电子标签、传感器等设备实现对库存商品的全程跟踪和监控。系统可以自动记录并分析商品的入库、出库、移动等各个环节的数据，及时发现并预警库存异常情况。这不仅减少了人工盘点的工作量，提高了库存管理效率，更能最大限度地减少因人为疏漏、差错等因素导致的库存信息失真问题。

此外，人工智能驱动的智能分仓和智能补货策略，可以显著降低企业的库存成本。传统库存管理中，企业往往需要在各个仓库中保有一定的安全库存，以应对突发的市场需求变化。这不可避免地导致了较高的库存持有成本。而智能分仓系统通过对各仓库的地理位置、配送半径、需求特征等因素进行综合分析，实现库存的动态分布和共享调配。当某一区域市场需求骤增时，系统可以自动从邻近仓库调拨货品，而无须在每个仓库中都保有大量安全库存，从而在保障供应的同时最小化整体库存水平。智能补货策略则利用机器学习算法，结合产品销售周期、季节性等特征，预测最优的补货时间点和补货量，避免出现库存积压和频繁的小批量采购。

智能供应链管理平台的出现，标志着人工智能在库存管理领域的应用进入了一个新的阶段。这些平台集成了需求预测、库存优化、分仓补货等多个 AI 模块，形成了一套完整的智能解决方案。通过打通从供应商到消费者的各个环节，平台能够对整个供应链进行全局优化，在最大化库存周转效率的同时，提升客户服务水平。一些平台还具备自我学习和优化的能力，可以根据市场反馈不断调整算法模型，使得库存管理策略能够更好地适应瞬息万变的商业环境。

（三）价格优化

具体而言，人工智能驱动的动态定价主要体现在以下方面：首先，AI 算法能够综合考虑商品属性、库存状况、竞争对手定价、消费者行为等多维度因素，构建出复杂的定价模型。这种全景式的分析视角有助于企业全面把握市场动态，及时调整定价以适应外部环境的变化。其次，机器学习技术使得定价模型能够不断自我优化和进化。通过持续学习新数据，AI 系统可以自主识别关键影响因素的变化，动态调整模型参数，使定价策略始终保持最优状态。

另外，人工智能还能够实现定价决策的自动化和规模化。传统的人工定价方式难以应对海量 SKU 的管理挑战，而 AI 系统可以轻松处理千万级别的商品定价，并根据实时数据流做出动态调整。这种高度自动化的定价方式不仅提高了企业的响应速度和定价效率，也极大地降低了人力成本。

企业在应用该技术时还需要注意：首先，动态定价的基础在于高质量的数据支撑。企业需要搭建完善的数据采集、存储、分析平台，为 AI 算法提供充足的“养料”。其次，动态定价不能脱离企业的整体发展战略。价格只是营销组合的一个要素，需要与产品、渠道、促销等环节紧密结合，协同发力。过度依赖价格杠杆可能损害品牌形象，陷入价格战的泥潭。最后，动态定价虽由 AI 系统执行，但仍需要人的参与和监管。企业要建立合理的价格管理流程和制度，对算法生成的定价建议进行复核和调整，避免出现违法、违规或者不道德的定价行为。

三、人工智能在客户关系管理中的应用

（一）聊天机器人

聊天机器人是一种基于自然语言处理和机器学习技术的智能对话系统。它能够理解用户的问题和意图，并根据预设的知识库和算法生成恰当的回复。相比人工客服，聊天机器人具有响应速度快、服务时间长、成本低等优势。更重要的是，聊天机器人可以同时服务海量用户，且不受情绪、疲劳等因素的影响，始终保持友好、专业的服务态度。

在实际应用中，聊天机器人的功能已经延伸到客户服务的方方面面。例如，它可以为用户提供产品信息查询、订单跟踪、账单支付等服务，大大提升了服务效率。同时，聊天机器人还能通过数据分析洞察用户行为，为企业提供精准营销和产品优化的决策支持。一些先进的聊天机器人甚至具备了情感分析能力，可以识别用户的情绪并给出恰当的安抚和引导。

（二）客户数据分析

客户数据分析的首要任务是建立完善的数据采集和管理体系。企业需要通过多渠道、多维度地收集客户信息，包括人口统计学特征、交易记录、浏览行为、社交互动等。同时，企业还需要重视对数据质量的管控，确保数据的准确性、完整性和及时性。只有在全面、高质量的数据基础上，后续的分析才能发挥出真正的价值。

在数据采集和管理的基础上，企业需要运用先进的数据挖掘和机器学习算法，对客户数据进行深入的分析和建模。常用的分析方法包括客户细分、关联规则挖掘、情感分析等。通过客户细分，企业可以根据客户的特征和行为将其划分为不同的群体，从而有针对性地制定营销策略和服务方案。关联规则挖掘可以发现客户购买行为之间的关联性，为交叉销售和产品推荐提供依据。情感分析则可以识别客户在评论、反馈中表达的情感倾向，及时发现并解决客户的不满和投诉。

客户数据分析的最终目的是洞察消费者偏好，预测其未来行为，为企业的决策提供支持。例如，通过分析客户的历史购买数据，企业可以预测其未来的购买概率和潜在需求，从而有针对性地开展营销活动。再如，通过分析客户对不同产品特性的偏好，企业可以优化产品设计，开发出更符合市场需求的新产品。此外，客户数据分析还可以帮助企业优化定价策略、改进客户服务、识别流失风险等，全面提升企业的运营管理水平。

（三）客户忠诚度提升

借助人工智能算法，企业可以根据客户的历史购买记录、浏览行为、社交互动等多维度数据，构建起完整的用户画像。这些画像不仅反映了客户的基本属性，如年龄、性别、地域等，更包含了其兴趣爱好、消费习惯、心理特征等深层次信息。基于这些信息，企业能够实现对客户的精细化分群，识别出不同群体的独特需求和痛点，进而开展针对性的营销活动。

个性化的产品推荐是人工智能赋能下的精准营销的典型应用。通过分析客户的浏览、购买历史，智能推荐系统可以向其推送最有可能吸引其兴趣的产品，大大提高了营销的转化率。同时，个性化推荐也能够增强客户的互动体验，让其感受到企业的用心和关怀，从而增强对品牌的认同感和忠诚度。

个性化的内容推送是提升客户忠诚度的又一利器。人工智能可以根据客户的兴趣特征，自动生成和推送个性化的内容，如文章、视频、活动信息等。这些内容不仅能够吸引客户的注意力，满足其特定的信息需求，更能引发其情感共鸣，加深其和品牌之间的情感联结。个性化内容营销不仅能够提高客户的参与度和互动性，还能塑造品牌的专业形象和服务口碑。

个性化的社交互动也是人工智能时代客户关系管理的重要手段。智能客服系统可以 7×24 小时为客户提供个性化的服务，及时解答其问题和疑虑。聊天机器人还可以通过自然语言交互，主动发起与客户的沟通，了解其需求和反馈。这种人性化的互动方式，能够拉近企业与客户之间的心理距离，让客户感受到宾至如归的贴心服务。个性化的社交互动是构建稳固客户关系的关键环节，有助于提升客户的品牌忠诚度。

此外，人工智能还可以助力企业优化客户全生命周期管理，实现持续的个性化营销。通过跟踪分析客户在不同阶段的行为特征，智能系统可以自动触发个性化的营销行动，如生日祝福、节日促销、会员升级等。这些定制化的关怀，能够持续强化客户的品牌认同，提升其生命周期价值。个性化的全生命周期管理是维系客户忠诚度的必要手段。

四、人工智能在供应链优化中的应用

（一）需求预测

人工智能算法能够从海量的历史数据中自动提取特征，发现隐藏的规律和模式，从而构建出高度精准的预测模型。与传统方法相比，AI算法具有自适应性强、实时性高、容错性好等优势。它能够根据实时的市场变化和消费者行为动态调整预测结果，使得企业能够快速响应市场需求，优化库存管理，降低成本风险。

以销售预测为例，机器学习算法可以综合考虑历史销售数据、季节性因素、促销活动、竞争对手策略等多维度变量，构建复杂的非线性模型，从而预测未来一段时间内的销量走势。而深度学习算法，如循环神经网络、长短期记忆网络等，则能够捕捉时间序列数据中的长期依赖关系，学习销售数据的内在规律，实现更加准确的中长期预测。

在生产计划方面，人工智能算法同样大有可为。通过分析历史生产数据、设备参数、原材料供应情况等，机器学习算法可以优化生产排程，合理调配资源，最大限度地提高生产效率和产品质量。强化学习算法还能够模拟生产过程中的各种决策场景，通过不断试错和学习，寻找最优的生产策略和参数组合，指导企业科学制订生产计划。

值得一提的是，人工智能需求预测不仅能够提高准确性，还能显著降低人力成本。传统的需求预测高度依赖专业人员的经验和判断，而人工智能算法可以自动完成数据处理、特征工程、模型训练等复杂烦琐的工作，大大减轻了预测人员的工作负担。同时，AI算法还能通过可视化技术直观地展示预测结果和关键影响因素，帮助决策者快速理解市场趋势，及时调整经营策略。

（二）运输与物流规划

通过对历史运输数据、订单信息、路况状况等多源异构数据的深度挖掘和分析，人工智能系统能够准确预测未来一段时间内的货运需求，合理调配运力资源。同时，针对实时路况信息和突发事件，智能算法可以动态调整运输路线，选择最优配送方案，最大限度地降低运输成本和时间。一些智能调度系统还能根据货物特性、时效要求等因素，自主规划出最佳的装载方式和配送顺序，显著提升配送效率。

与传统的静态规划不同，人工智能驱动的物流运输优化是一个动态迭代的过程。智能系统能够持续学习和优化，根据实际执行情况不断调整优化模型和策略，使得运输方案能够随环境变化而自适应调整。这种持续优化的能力，保证了物流系统在动态多变的市场环境中始终保持最优状态，从而提升了物流服务的整体效率和质量。

此外，人工智能技术还为协同多方物流资源提供了有效途径。通过构建智能化的物流信息平台，不同物流企业、货主、车主可以实现信息共享和调度协同。人工智能算法能够整合分散的闲置运力，优化车货匹配，提高物流资源的利用率。区块链、智能合约等技术的引入，也为构建安全、透明、高效的物流生态提供了技术保障。

（三）供应链风险管理

人工智能凭借其强大的数据处理和分析能力，能够全方位、动态地监测供应链运行状况，及时发现异常信号和风险隐患。例如，通过机器学习算法分析历史交易数据，可以准确地预测供应商的交付能力和产品质量；利用自然语言处理技术对供应商的舆情信息进行挖掘，能够洞察其财务状况和经营风险；运用计算机视觉技术实时监控物流运输过程，可以第一时间发现货损货差等问题。这些智能化的风险识别手段远超人工分析的效率和精度，为供应链风险管理提供了有力支撑。

在风险识别的基础上，人工智能还能协助企业制定科学的风险缓解策略。传统的风险规避手段，如备货、多元化采购等，往往难以兼顾效率和成本。而人工智能可以通过优化算法，在海量的供应链数据中寻找最优的风险缓释方案。例如，运用强化学习算法，可以在动态变化的市场环境中实时调整库存水平和采购策略，在保障供应链稳定的同时使成本最小化；利用博弈论模型分析供应链各方的行为，能够设计出最有利于企业的合作机制和激励方案，进而化解潜在的道德风险和逆向选择问题。

此外，区块链、物联网等新兴技术与人工智能的结合，将进一步赋能供应链风险管理。区块链技术可以构建安全可信的信息共享机制，打破供应链条上的信息孤岛，实现风险的协同管控；物联网技术则可以提供实时、准确的供应链运行数据，为风险识别和预警提供数据基础。这些技术与人工智能的深度融合，将重塑供应链风险管理的方式，推动其迈向智能化、精细化和敏捷化的道路。

智能供应链风险管理为企业带来诸多益处。一方面，它能够显著提高风险识别的广度、深度和速度，使企业对供应链风险有更全面、更准确的认知，从而采取更有针对性的应对措施；另一方面，智能化的风险缓释方案能够在保障供应链韧性的同时，最大限度地降低成本，提升运营效率，从而为企业创造更多价值。

五、人工智能在产品个性化定制中的应用

(一)定制产品推荐系统

从技术原理上来看，定制产品推荐系统主要依托于协同过滤(Collaborative Filtering)和基于内容(Content-based)的推荐算法。协同过滤算法通过分析不同用户对产品的偏好相似性，进而预测目标用户可能感兴趣的商品。比如，如果用户 A 和用户 B 在购买历史上表现出相似的品位，那么当用户 A 选购了某款新品时，系统就会自动将其推荐给用户 B。而基于内容的推荐算法则侧重于挖掘商品本身的特征属性，通过匹配用户画像与商品标签，找出最契合用户需求的产品组合。例如，对于一位偏爱复古风格的消费者，系统会自动为其筛选出具备复古设计元素的服饰、配件等，形成风格统一的搭配方案。

在实际应用中，定制产品推荐系统还需要解决诸多技术难题，如冷启动问题、数据稀疏性问题等。为了给新用户或者新上架商品提供合理的推荐，系统必须在数据相对匮乏的情况下，利用有限的信息进行智能化的决策。针对这一挑战，一种可行的策略是引入基于知识的推荐技术，通过构建商品的关联知识图谱，利用已有领域的知识对推荐结果进行优化和填充。同时，面向不同的用户群体，系统还可以融合人口统计学特征、社交网络信息等多维度数据，实现更加个性化和精细化的推荐服务。

个性化定制的时代已经来临，而人工智能正是实现“千人千面”的关键利器。一套成熟完善的智能推荐系统，不仅能够最大限度地满足消费者日益增长的个性化需求，也为零售企业带来了巨大的商业价值。数据显示，亚马逊近30%的销售额就是来自其推荐系统，奈飞的推荐引擎更是将用户观影时间提升了80%。可以预见，随着大数据和人工智能技术的不断发展，定制产品推荐系统必将成为数字经济时代的“标配”，助推企业实现营销模式的革命性转变。

(二)制造过程自动化

在AI赋能的生产线中，机器视觉、深度学习等技术发挥着关键作用。智能视觉系统可以实时监测生产过程，自动识别零部件缺陷，及时预警并调整生产参数。同时，深度学习算法能够通过海量数据训练，掌握产品质量与生产工艺之间的内在规律，并不断优化生产流程，减少不必要的能源消耗和原材料浪费。

以智能手机制造为例，AI技术的应用已经渗透到生产线的方方面面。在组装环节，机器视觉可以精确定位每个零部件的位置，确保装配的高度一致性。在功能测试环节，AI系统能够根据海量测试数据，自主生成最优的测试策略，极大缩短测试时间。在质量检测环节，深度学习模型可从产品图像中自动识别出细微的外观瑕疵，实现全面精准的质检。

AI驱动的生产线调整不仅能够提高生产效率，更能保障产品质量的稳定性。通过实时数据采集和分析，AI系统可以动态预测设备故障风险，提前安排维护，最大限度减少停线时间。同时，面对产品需求的波动，智能算法可以据此动态调配产线资源，在保证交付期的同时，最小化库存积压和闲置浪费。

随着技术的不断成熟，AI将赋予生产线更大的想象空间。一方面，多源异构数据融合和知识图谱技术，可以帮助AI系统更全面地理解生产过程，挖掘关联因素。另一方面，模仿学习和强化学习算法，将使生产线具备主动学习和持续进化的能力。与此同时，人机协作共融的新模式也正在探索之中，AI将成为人类生产力的倍增器，而非简单替代。

(三)后市场服务

智能客服系统是人工智能在售后服务领域的典型应用之一。通过自然语言处理、知识图谱等技术，智能客服可以准确理解客户询问，快速检索知识库，为客户提供精准、专业的解答。相比人工客服，智能客服不仅响应速度更快，而且能够

24小时不间断服务，大大提高了客户问题的解决效率。同时，智能客服还可以通过大数据分析，挖掘客户潜在需求，主动提供个性化的服务建议，在很大程度上提升了客户满意度和忠诚度。

智能故障诊断是人工智能赋能售后服务的另一重要方向。传统的故障诊断主要依赖工程师的经验和判断，诊断效率和准确率都难以保证。而基于机器学习算法的智能诊断系统，不仅可以通过海量历史数据的训练，快速识别故障模式，还能定位故障原因，甚至能预测潜在故障风险，从而大幅提升诊断的效率和准确性。借助可穿戴设备、物联网等技术，智能诊断还可以实现远程实时监控，及时发现异常，进行预防性维护，最大限度减少故障。

人工智能技术还为售后服务注入了更多个性化和人性化元素。例如，智能路径规划可以根据客户的位置、偏好等因素，为上门服务人员规划最优路线，缩短响应时间；智能派单系统可以根据工单性质、客户画像、服务人员专长等，实现工单与服务人员的最优匹配，提高服务质量；智能服务质量评估可以通过语音识别、情感分析等技术，实时监测服务的全过程，及时发现并改进服务中的不足，确保服务品质。

第二节　人工智能在电子商务中的应用

一、智能推荐系统在电子商务中的应用

（一）推荐算法的原理及优化

协同过滤算法基于用户之间的相似性进行推荐，其基本假设是具有相似兴趣的用户会喜欢相似的物品。该算法通过分析不同用户对物品的评分或购买喜好，发现具有相似偏好的用户群，然后为目标用户推荐这些相似用户喜欢的物品。协同过滤算法的优势在于无须对物品本身进行分析，而是依赖于用户行为数据，因此其更适用于物品种类繁多、难以建模的场景。但该算法也存在数据稀疏、冷启动等问题，影响推荐质量。

与之相对，内容推荐算法则侧重于分析物品本身的特征，根据用户的兴趣特征匹配相关物品。这种算法的优势在于不依赖于其他用户的行为数据，因此能够为新用户或小众物品提供较好的推荐。同时，通过建立物品的特征向量，内容推荐算法

能够揭示物品之间的相似性，发现隐藏的关联规则。但该算法的局限性在于需要对物品进行大量的特征工程和语义分析，而且难以捕捉用户偏好的动态变化。

为了克服单一算法的不足，现代推荐系统往往采用混合推荐策略，综合利用协同过滤、内容推荐等多种算法的优势。例如，可以先用内容推荐算法生成候选物品集，再用协同过滤算法对候选集进行排序和优化。又如，可以用协同过滤算法发现用户的潜在兴趣，再用内容推荐匹配相关物品。通过算法的有机融合，混合推荐能够在提高推荐准确率的同时，兼顾推荐的多样性和新颖性。

除了经典的推荐算法，近年来还涌现出许多基于深度学习的推荐模型，如NCF（Neural Collaborative Filtering）、DMF（Deep Matrix Factorization）等。这些模型利用神经网络强大的表示学习和特征提取能力，能够从海量的交互数据中自动学习用户和物品的隐式特征，揭示复杂的非线性关联规律。同时，深度学习推荐算法具有更强的泛化能力和鲁棒性，能够有效缓解数据稀疏和冷启动问题。但深度学习模型也存在可解释性差、计算复杂度高等问题，在实际应用中需要权衡效果与成本。

（二）用户体验与转化率提升

从用户角度来看，智能推荐系统能够帮助其快速发现感兴趣的商品，减少信息搜寻的时间成本。传统的电商平台往往商品种类繁多，用户很难从茫茫商海中找到真正需要的产品。智能推荐系统通过分析用户的历史浏览、购买记录，结合其个人偏好、购物习惯等，向其推荐高度匹配的商品，使其能够轻松、高效地完成购物决策。个性化的推荐不仅提升了用户满意度，也能够增强用户黏性，促进后续购买行为的发生。

对于商家而言，智能推荐系统是提升转化率、促进销售的有力武器。通过将合适的商品推荐给对其感兴趣的目标客户，能够大幅提高商品曝光率和点击率，增加成交机会。尤其对于长尾商品，智能推荐系统能够帮助其精准触达潜在客户，盘活库存，提升商品销量。此外，智能推荐系统还能基于用户反馈动态优化推荐策略，不断地提升推荐的准确性和转化效果，助力商家实现精细化运营。

二、语音助手与聊天机器人在客户服务中的应用

（一）语音识别与自然语言处理技术

语音识别技术使计算机能够将语音信号转化为相应的文本或命令，是实现语

音助手功能的基础。目前，深度学习算法在语音识别领域取得了突破性进展，使得语音识别的准确率大幅提升。与此同时，自然语言处理技术致力于赋予计算机理解、分析和生成人类语言的能力。通过对海量语料的学习和训练，NLP模型能够准确地把握语言的语法、语义和语用规则，进而实现智能化的信息处理。

语音助手和聊天机器人正是语音识别和NLP技术在客户服务领域的典型应用。当客户通过语音或文字提出问题时，系统首先通过语音识别或文本分析将其转化为计算机可理解的形式，然后利用自然语言处理技术对问题进行分析和理解，并检索知识库生成恰当的回答。整个过程自动化程度高，响应速度快，能够大幅提升客服的效率。同时，基于海量数据的学习，AI客服能够不断积累、优化应对各种问题的策略，因而其服务质量也在持续提升。

在电子商务场景中，语音助手和聊天机器人大显身手，极大地改善了用户体验。用户不再需要频繁地点击、输入，只需用最自然的语音指令就能完成商品搜索、购买、支付等一系列操作。AI客服不分昼夜地为用户答疑解惑，用户可随时随地获取所需的帮助。特别是针对一些常见问题如“订单查询”“物流跟踪”等，聊天机器人能够快速给出标准化的答复，既减轻了人工客服的压力，又能提升响应速度，让用户获得更优质的服务体验。

（二）客户服务自动化的效率提升

借助于语音识别和自然语言处理技术，语音助手可以准确识别客户的语音指令，并给出智能化的回复。这不仅节省了人工客服的时间，还能够24小时不间断地为客户提供服务，大幅提升了服务的可及性和便捷性。同时，语音助手还可以根据客户的个性化需求，提供定制化的服务内容，如商品推荐、订单查询、售后支持等，使客户服务更加精准和贴心。

聊天机器人在文本交互方面发挥着类似的作用。基于海量的客户服务数据和智能算法的训练，聊天机器人可以自动理解客户的咨询内容，并给出准确、快速的回复。相比人工客服，聊天机器人能够同时处理数以千计的客户咨询，大大缩短了客户的等待时间，提高了服务效率。此外，聊天机器人还可以与客户进行多轮对话，理解客户的真正需求，提供更加全面和深入的服务。

从企业运营的角度来看，语音助手和聊天机器人的应用不仅提升了客户服务的质量，也显著降低了人力成本。通过自动化的方式处理大量重复性的咨询和服务请求，企业可以将宝贵的人力资源投入到更具价值和创造性的工作中，如服务创新、客户关系管理等。同时，AI技术的应用还能够提供全天候的客户服务，突破时间和地域的限制，为企业开拓更广阔的市场空间。

三、基于图像识别的商品搜索与推荐

（一）图像识别技术在电子商务中的应用

在用户搜索和推荐方面，图像识别技术发挥着关键作用。用户可以上传心仪商品的图片，电商平台利用图像识别算法对图片进行分析，识别出商品的类别、款式、颜色等关键特征，然后在海量商品数据库中进行匹配，推荐出相似或相关的商品。这种“以图搜图”的方式直观、高效，既降低了用户的搜索成本，又提高了搜索的精准度。尤其是对于时尚、家居等品类，用户往往难以准确描述自己想要的商品，图像搜索为其提供了更加便捷的方案。

图像识别技术还能够帮助电商平台进行商品归类和属性提取。传统的商品分类和属性标注通常依赖人工完成，费时费力且容易出错。应用图像识别算法，可以自动对商品图像进行分析，快速识别出商品的品类、风格、材质等关键属性，实现商品的自动归类和属性标注。这不仅提高了运营效率，减少了人工成本，还能够保证商品信息的规范性和一致性，为用户提供更加准确、全面的商品筛选条件。

在版权保护和品牌维权方面，图像识别技术也大有可为。电商平台可以利用图像识别算法对商品图片进行比对，精准识别出侵权、假冒的商品，及时将其下架或屏蔽，从而维护品牌商的合法权益，净化电商购物环境。一些品牌商也开始尝试将图像识别技术应用于线下门店，通过扫描商品图像，识别出水货（parallel import）等未经授权的商品，从而更好地实现渠道管控。

随着深度学习等人工智能技术的飞速发展，图像识别的精度和效率不断提升。应用领域也从单纯的商品识别，拓展到了场景识别、行为识别等更加复杂的任务。电商平台可以利用图像识别分析用户晒单图片，了解商品的使用场景和效果，进而为其他用户提供更加真实、丰富的参考信息。此外，通过识别用户上传的穿搭图片，还能够进行“单品搭配”的智能推荐。这些应用场景的拓展，让图像识别技术在电商领域的应用价值得到了进一步提升。

（二）提升用户搜索体验的策略

要不断提升图像识别算法的精确度，确保识别结果的准确性和相关性，这就需要海量的图像数据作为训练样本，同时也需要先进的深度学习模型，如卷积神经网络等。通过持续的算法优化和模型迭代，图像识别的准确率才能不断提高，为用户提供更加可靠的搜索结果。

要优化图像搜索的用户界面设计，提供流畅、直观的交互体验。用户上传图片后，系统应该快速响应，给出清晰、准确的识别结果。搜索结果页面也要合理布局，突出相关性最高的商品，同时提供多样化的筛选和排序功能。这样，用户才能快速找到心仪的商品，提升搜索效率和满意度。

可以将图像搜索与个性化推荐相结合，根据用户的搜索历史、浏览记录等，推荐其感兴趣的商品。这种融合能够提供更加精准、贴近用户需求的搜索体验。例如，如果用户频繁搜索某一品牌的服装，系统可以在其搜索结果中，优先展示该品牌的其他单品，以满足用户对特定风格的偏好。

图像搜索还可以引入交互式功能，增强趣味性和参与感。用户不仅可以上传静态图片，还可以通过视频、直播等方式，实时与系统进行互动。借助增强现实、虚拟试衣等前沿技术，用户可以更加生动、逼真地感受商品特点，做出更加理性的购买决策。这种创新的交互模式，将图像搜索体验提升到一个新的高度。

（三）与其他技术的融合趋势

结合自然语言处理技术，图像识别可以实现商品图片与文本描述的自动匹配，提高商品信息管理的效率和准确性。电商平台通过对商品图片进行识别和分类，能够自动生成相应的文本标签和描述，从而减少了人工录入的工作量。同时，基于图文匹配技术，用户可以通过上传商品图片来进行搜索，而不局限于文字关键词，极大地提升了搜索体验。阿里巴巴的商品图搜功能便是图像识别与自然语言处理融合应用的典型案例。

图像识别与语音识别技术的结合，则催生了更加自然和便捷的人机交互方式。用户可以通过语音指令搜索和购买商品，同时系统根据图像识别结果进行匹配和推荐，实现“看图购物”的智能场景。这种多模态交互模式不仅让用户操作更加便捷，也能提高推荐的精准度。京东推出的语音购物功能，即图像与语音技术协同的成果。

图像识别生成的标签信息，可进一步与知识图谱技术融合，构建商品的知识关联网络。以商品图片识别提取的品类、品牌、风格等标签为基础，链接到背后的知识体系，能够实现更加聚焦、更具语义关联的商品检索和推荐。用户不仅可以搜索到外观相似的商品，还能发现同品牌、同风格或互补的其他商品，从而带来更加多样化的选择。这种融合模式也可用于商品伪造的识别和溯源。

此外，图像识别还能与增强现实技术相结合，服务于虚拟试衣、虚拟装修等沉浸式购物场景。通过识别用户的肖像或环境图像，并与商品模型实时融合渲染，给用户带来身临其境的体验。在家居装修领域，图像识别可用于分割并识别房间图像中的家具摆设，进而提供装修搭配建议，推荐相关家居商品。这些创新应用模式正成为吸引消费者的新卖点。

四、智能物流与配送系统的优化

（一）人工智能在物流规划中的作用

在仓储布局方面，人工智能可以综合考虑商品属性、出入库频率、货位坐标等因素，优化仓库空间利用率和作业效率。例如，通过对历史数据的分析，可以识别出商品的相关性和流向规律，将关联度高、流向相似的商品存放在邻近货位，减少拣选路径，提高出库效率。同时，其还可以动态调整库存水平和补货策略，以降低库存成本和缺货风险。

在运输路径优化方面，人工智能算法能够综合考虑车辆载重、路况信息、交通限制等因素，快速计算出最优配送路线。相比传统的启发式算法，智能算法能够处理更加复杂的网络结构和约束条件，得到更加精准、可靠的优化结果。例如，蚁群算法通过模拟蚂蚁寻找食物的行为，在多个备选路径中快速寻找到最优解；遗传算法则借鉴生物进化原理，通过交叉、变异等操作，不断优化路径方案，直至满足特定的性能指标。

在配送调度方面，人工智能可以根据订单量、配送时效、车辆状态等实时信息，动态调整配送计划和任务分配。传统的配送调度通常采用固定的派单规则，难以应对订单波动和突发情况。而智能调度系统则能够预测订单走势，平衡各区域的配送资源，合理安排车辆和人员，提高配送时效和服务水平。同时，还可以结合车辆定位、电子围栏等技术，实时监控配送过程，优化线路和速度，确保配送安全和准时。

除了上述应用，人工智能还可以在需求预测、智能分拣、无人配送等方面发挥重要作用。通过机器学习算法，分析历史销售数据和影响因素，准确预测未来一段时期的商品需求，指导生产计划和库存策略；利用计算机视觉和机器人技术，实现商品的自动分拣和装箱，减少人工干预和差错；结合无人车、无人机等智能终端，探索更加灵活、高效的配送模式，突破时空限制，提升用户体验。

（二）快递配送与“最后一公里”问题

基于机器学习和深度学习算法的智能调度系统是优化“最后一公里”配送的关键。该系统能够全面考虑收件地址、交通路况、配送员位置等海量动态数据，利用启发式搜索、强化学习等智能优化技术自动生成最佳配送路径和任务分配方案。与传统人工调度相比，智能调度系统可以在更短时间内完成更加复杂的运筹优化任务，使配送总里程和总时长最小化，从而降低车辆能耗、人力成本，提高单位时间内的配送效率。同时，系统还可以根据实时订单量、道路状况的变化动态调整配送方案，确保在高峰期、恶劣天气等特殊情况下物流运营的灵活性和稳定性。

大数据分析技术则从宏观角度为“最后一公里”配送提供精准预测和智能决策支持。通过分析用户的消费偏好、下单规律、收货时间段等海量历史数据，快递企业可以构建高精度的需求预测模型，提前优化人员调配和货物中转，降低配送高峰期的单量压力。例如，某快递公司利用大数据和机器学习技术，成功将下单高峰期的包裹预测准确率提升至85%以上，使配送员在揽件阶段即可提前规划线路，将件均配送时长缩短15%。数据驱动的网络规划、站点选址等决策也有助于从整体上持续优化终端配送网络，在提升时效的同时降低成本。

在具体配送环节，无人车、无人机等自动化配送工具的应用正在成为行业趋势。无人配送车搭载激光雷达、计算机视觉等感知设备，能够实时监测道路环境，自主规划行驶路径，无须人工干预即可将包裹准确送达指定地点。与传统配送车相比，无人车可24小时不间断工作，大幅提升配送时效，且能够显著降低人力成本。在一些交通状况复杂、地址难找的区域，无人机配送更是优势突出。无人机可直线飞行，不受道路约束，配送效率远高于陆运，还能实现楼宇间的点对点投递。阿里巴巴在2019年双11期间率先开展无人机配送试点，令“最后一公里”配送效率提升近70%。

不过，在享受智能化配送带来的便利的同时，我们也要清醒地认识到无人配送在安全性、法律法规等方面仍面临诸多挑战。例如，恶劣天气可能影响无人车的感知和决策能力，存在一定安全隐患；无人机飞行也可能干扰空中交通秩序，侵犯居民隐私。这就需要企业在大力研发的同时，加强与政府监管部门的沟通和协作，在科技创新和安全合规之间寻求平衡。

五、个性化营销与精准广告投放

(一)数据驱动的营销策略

具体而言,大数据驱动的用户细分是实现营销个性化的关键。传统的市场细分往往基于人口统计学变量,如年龄、性别、收入等,难以精准反映用户的真实需求。而机器学习算法能够综合分析用户的行为数据、社交数据、位置数据等,发现用户在生活方式、消费习惯、兴趣爱好等方面的差异,从而将其划分为高度同质化的细分群体。在此基础上,营销人员可以针对不同细分群体量身定制个性化的营销内容和产品推荐,大大提升营销的针对性和转化率。

个性化推荐是机器学习在营销中的另一个重要应用场景。通过对用户历史行为数据的学习和分析,推荐算法能够准确预测用户对不同产品的偏好程度,向其推荐最感兴趣、最有可能购买的商品。这不仅能够提升用户的购物体验和满意度,还能有效地促进销售额的增长。亚马逊、Netflix 等电商和内容平台的成功,很大程度上归于其先进的个性化推荐技术。相比于“千人一面”的传统营销方式,个性化推荐无疑更符合当代消费者追求独特性和差异化的心理需求。

此外,大数据和机器学习还为营销效果的评估和优化提供了新的思路。借助 Attribution Model 等机器学习模型,营销人员可以科学评估不同营销渠道和营销行为对销售转化的贡献度,优化营销资源的投放策略。同时,机器学习还能够实时监测营销活动的效果,自动调整营销策略以达到最佳 ROI。这种数据驱动的营销优化方式,不仅能够提升营销效率,降低营销成本,更能真正实现精准营销的愿景。

(二)消费者行为分析与预测

在传统的营销模式中,广告投放往往采用“撒网式”的策略,将广告信息发送给所有潜在用户,效率低下且成本高昂。而基于 AI 的精准广告投放,则能够根据用户的历史行为、实时浏览、社交互动等数据,动态优化投放策略,将广告精准推送给最有可能产生转化的目标用户。这不仅能够提升广告的点击率和转化率,降低营销成本,还能最大限度地减少对用户体验的干扰,提升用户满意度。

举例来说,当消费者在电商平台上浏览某一品类的商品时,AI 系统会实时捕捉这一信号,结合用户的历史搜索、浏览、购买记录,判断其对该品类的兴趣程度。

如果用户表现出较高的兴趣,系统就会自动向其推送相关品类的优惠券、促销信息或商品推荐,精准触达用户需求,引导其完成购买决策。与此同时,AI算法还能通过分析用户对不同广告创意的反应,实时调整投放的素材和呈现方式,不断优化广告效果。

消费者行为分析和预测的另一个重要应用场景是个性化推荐。在电商平台上,用户面临的商品极其丰富,想找到自己心仪的商品往往需要花费大量时间和精力。个性化推荐系统通过分析用户的行为数据,构建用户兴趣模型,为每个用户量身定制专属的商品推荐列表。这不仅能够节省用户的选择成本,提升其购物效率,还能发掘用户潜在的需求,引导其尝试新的商品和服务。与"千人一面"的传统推荐相比,个性化推荐能够带来更高的用户满意度和转化率。

此外,消费者行为分析在需求预测、库存管理等方面也有广泛应用。通过分析历史销售数据和用户行为趋势,AI系统能够预测未来一段时间内的商品需求量,帮助商家优化库存结构,减少缺货或积压的风险。同时,针对不同用户群体的需求变化,商家还可以调整营销策略,推出更加精准、有针对性的促销活动。

(三)隐私保护与合规性挑战

个性化营销中的隐私保护之所以备受关注,根本原因在于其涉及消费者的敏感个人信息。电商平台在采集用户数据时,难免会触及姓名、电话、地址、银行账户等隐私信息。如果这些数据被非法获取或滥用,轻则侵犯用户隐私,重则可能诱发金融诈骗等安全问题。因此,在开展个性化营销的过程中,电商企业必须高度重视对用户隐私的保护,建立完善的数据安全管理制度,确保用户信息的机密性和完整性。

此外,个性化营销中还涉及数据使用合规性问题。我国已出台《网络安全法》《消费者权益保护法》等法律法规,对企业收集和使用用户个人信息作出明确规定。电商平台在获取用户授权、告知数据用途、保障信息安全等方面,都需要严格遵守相关法律规定。违规收集和滥用用户数据,不仅会损害消费者权益,也将面临巨额罚款和声誉损失的风险。因此,电商企业必须增强数据合规意识,规范个人信息管理流程,确保个性化营销活动合法合规。

面对隐私保护与合规性的双重挑战,电商企业需要在技术和管理两个层面同时发力。在技术层面,企业应加强数据安全防护,采用先进的加密、脱敏等技术,最大限度保障用户信息安全。同时,还要完善数据全生命周期管理,对个人信息的收集、存储、使用、销毁全流程进行规范,防止数据泄露。在管理层面,电商企业须建立健全的隐私保护制度和内控机制，加强员工数据安全意识教育，从源头遏制隐私侵犯风险。

对于消费者而言，提高个人信息保护意识和能力也十分必要。在享受个性化服务的同时，消费者要学会甄别风险，谨慎填写个人信息，定期查看和更新账户安全设置。对于可疑的信息收集要求，消费者有权予以拒绝或投诉。只有电商平台和消费者共同努力，形成隐私保护的合力，才能在大数据时代安心享受个性化服务的红利。

第三节 人工智能在数字共享经济中的应用

一、人工智能在共享出行中的应用

（一）路线优化与交通流量预测

通过对历史出行数据的深度挖掘，机器学习算法可以发现不同时间、不同路段的交通流量规律。基于这些规律，系统能够实时预测未来一段时间内的交通状况，并根据预测结果对共享单车或汽车的投放量进行动态调整。这种需求预测和资源优化策略，有效地避免了车辆过度集中或资源闲置的问题，提高了共享出行工具的周转效率。

在路线规划方面，人工智能算法综合考虑了道路拥堵情况、实时路况、用户偏好等多重因素，能够为每一位用户规划出最优出行路径。相比于传统的静态路径规划，智能算法生成的路线更加动态灵活，能够根据实时路况的变化进行实时调整。优化后的路线不仅缩短了出行时间，也降低了出行成本，为用户带来了更加便捷、高效的出行体验。

同时，人工智能技术还被应用于共享出行工具的调度和再分配方面。通过对海量用户行为数据的分析，系统能够准确预测不同区域的用车需求，提前将车辆调配到需求量较大的区域。这种智能化的供需匹配和动态调度，有效地缓解了“最后一公里”的出行难题，提升了共享出行的服务水平。

此外，人工智能在交通信号灯控制中也发挥着重要作用。传统的定时控制信号灯难以适应实时变化的交通流量，容易造成交通拥堵。而智能信号灯控制系统通过视频识别、雷达探测等技术实时采集路口车流量数据，并根据数据分析结果动态调整信号灯的配时方案。这种需求响应式的信号灯控制，能够最大限度地提高通行效率，缓解交通压力。

(二)异常行为检测与安全管理

通过对海量出行数据的分析和挖掘，AI算法可以实现对交通流量的精准预测和实时调度，从而优化出行路线，缓解交通拥堵。例如，滴滴出行利用深度学习算法对历史订单数据进行建模，结合实时路况信息，动态调整车辆供给，使车辆分布与客户需求更加匹配，大幅提升了出行效率。

与此同时，人工智能技术在异常行为检测和安全管理方面也发挥着关键作用。借助计算机视觉和模式识别技术，智能监控系统能够自动识别驾驶员的疲劳、分心等危险驾驶行为，并及时预警，有效降低交通事故风险。以Uber为例，其研发的智能安全系统可以通过手机传感器数据分析司机的驾驶习惯，识别出急刹车、急转弯等高风险行为，并给予相应的安全提示和培训。这不仅保障了乘客的出行安全，也为司机提供了安全驾驶指导。

此外，人工智能还为共享出行平台的安全管理提供了更加智能化的解决方案。通过机器学习算法对用户行为数据进行分析，可以及时发现并防范欺诈、作弊等违规行为。同时，自然语言处理技术可以智能化处理用户投诉和反馈，快速识别潜在的安全隐患和服务问题。例如，哈啰出行开发的智能客服系统可以准确地理解用户的诉求，自动匹配相应的解决方案，大大提高了客服效率和用户满意度。

(三)智能调度与资源分配

具体而言，机器学习算法可以通过对历史数据的挖掘和分析，准确把握不同时间、地点的用车需求特征，并结合天气、节假日等外部因素，构建精细化的需求预测模型。基于该模型，系统可以提前规划车辆的空间布局，将车辆调度到需求高峰区域，以减少用户等待的时间。同时，深度学习技术还能够持续优化调度策略，通过对海量数据的自动学习，不断提升调度的精准度和及时性。

在车辆分配方面，强化学习算法为实现智能化决策提供了有力支撑。传统的分配方式往往依赖于固定的规则和经验，难以应对复杂多变的现实场景。而强化学习可以通过“试错”机制，在海量的模拟环境中不断尝试和优化分配策略，找出最佳的行动方案。例如，当面临多个用户请求时，该算法可以综合考虑车辆位置、行驶路线、电量状态等因素，实时计算不同分配方案的收益，选择全局最优的决策，从而最大限度地提高车辆利用率和用户满意度。

此外，人工智能技术还为共享出行平台的动态定价提供了新思路。通过机器学习算法对供需关系、用户偏好、竞争对手策略等进行实时分析，系统可以针对不同时段、不同区域制定差异化的价格策略，在保证企业获得利润的同时，最大限度地满足用户的价格敏感度，实现供需的动态平衡。

二、人工智能在共享办公空间中的应用

(一)办公空间智能化布局

办公空间智能化布局的核心在于利用人工智能算法构建数字孪生模型，实现对物理空间的虚拟映射和动态仿真。通过在办公区域部署各类传感器，如红外传感器、射频识别标签等，我们可以实时采集员工位置、动线、使用时长等数据，形成员工在办公空间内活动的数字化“足迹”。这些海量的空间使用数据为优化布局提供了宝贵的决策依据。

基于采集到的数据，人工智能算法可以深入分析员工的工作模式和空间需求。例如，通过对员工移动轨迹的聚类分析，我们可以发现不同部门或项目组之间的协作模式，优化团队成员的座位分布，促进高效沟通与协作。又如，通过对会议室的利用率和人员聚集情况进行预测性分析，系统可以智能调配会议资源，减少闲置浪费。此外，机器学习算法还能根据历史数据和员工反馈，不断学习和优化布局方案，使办公空间的设计更加贴近员工的实际需求。

人工智能驱动的办公空间智能化布局不仅能够提升空间利用效率，还能显著改善员工的工作体验。在智能化的办公环境中，员工可以享受到更加舒适、高效、灵活的工作方式。例如，智能照明系统可以根据员工的位置和时间自动调节光线，营造最佳的工作氛围；智能家具可以记录员工的使用偏好，提供个性化的座椅高度、桌面角度等设置；智能环境控制系统则可以实时监测温度、湿度、空气质量等指标，创造健康舒适的办公条件。这些人性化的设计不仅能够提升员工的工作效率，更能增强其归属感和幸福感。

(二)需求预测与使用分析

通过对海量用户行为数据的分析，AI算法能够精准预测不同时段的空间使

用需求，实现动态调配。例如，通过对历史入驻率、使用时长等数据的挖掘，系统可以预测未来一段时间内的空间需求峰值，提前优化调度方案，避免资源闲置浪费。同时，AI还能基于用户画像实现个性化空间推荐，根据企业规模、行业属性、偏好特征等智能匹配最适宜的办公空间，从而提升匹配度和转化率。

此外，人工智能技术在空间使用模式分析方面也大有可为。传统的共享办公空间管理主要依赖经验和主观判断，难以洞悉空间利用的深层规律。而AI则能够通过对海量物联网传感数据和用户行为数据的关联分析，揭示空间使用的时空特征和影响因素。例如，通过分析不同时段的人流量、停留时长、设施设备使用频率等，可以识别空间利用的高峰期和低谷期，优化空间布局和设施配置。又如，通过挖掘用户偏好、办公习惯与空间利用率的关联，可以调整空间设计，营造更契合用户需求的办公环境。

人工智能技术还可以助力共享办公空间的智能化运营。传统的运营管理主要依赖人工，效率低下，难以应对日益增长的市场需求。借助AI技术，共享办公企业可以实现智能化的设备管控、环境调节、安防监控等。例如，智能门禁系统可以通过人脸识别、生物特征识别等技术实现无感通行，进而提升用户体验；智能环境控制系统可以根据空间使用状态自动调节照明、空调等设备，节约能耗；智能安防系统则可以利用计算机视觉技术实时监测异常行为，以便及时预警，保障空间安全。

（三）智能安防与设备管理

智能视频监控系统是AI技术在共享办公安防领域的典型应用。传统的视频监控系统需要安保人员24小时盯守监控画面，工作强度大、效率低，且容易受到人为因素的影响。引入计算机视觉、深度学习等AI技术后，智能监控系统可以自动识别并预警异常行为，如未经授权的入侵、非法停留等，大大减轻了安保人员的工作压力，提高了防范效率。同时，人脸识别、行为分析等技术还能够实现对可疑人员的追踪和布控，为案件侦破提供有力支持。

门禁控制是共享办公安防的另一重点。传统的门禁系统主要依靠IC卡、指纹等方式进行身份验证，存在卡片被盗刷、指纹被复制等安全隐患。基于AI的智能门禁系统可通过人脸识别、虹膜识别等生物特征识别技术，实现更高准确率、更强安全性的身份认证。并且，结合大数据分析，智能门禁系统还能对非法入侵、尾随进入等异常行为进行实时预警，及时阻止安全隐患的发生。

在设备管理方面，AI技术同样大有可为。传统的设备管理主要依靠人工巡检和定期维护，效率低下，且容易发生遗漏。智能设备管理系统利用物联网技术，对共享办公空间内的打印机、投影仪、电脑等设备进行全生命周期的监控和管理。通过机器学习算法分析海量设备的运行数据，该系统可以准确预测设备的故障时间和原因，提前预警，从而减少故障发生的概率。同时，远程诊断、自助报修等功能让设备维护变得更加智能、高效。

AI驱动的智能化设备还能主动优化能耗，践行绿色低碳的理念。智能照明系统可根据环境亮度、人员位置自动调节照明设备，智能空调系统可根据房间人数、温度情况动态调节制冷制热，既能创造舒适的办公环境，又能避免能源浪费。由此可见，AI技术在推动共享办公空间节能增效、绿色发展中发挥着重要作用。

三、人工智能在共享住宿中的应用

（一）个性化推荐系统

个性化推荐系统的核心在于利用大数据技术，对用户的历史行为数据进行深入分析和建模。通过收集用户的浏览记录、预订记录、评价反馈等信息，系统能够全面把握用户的住宿偏好，包括价格区间、位置距离、房型布局、周边配套等多个维度。在此基础上，系统运用协同过滤、内容过滤等算法，可从海量房源中甄选出最符合用户需求的推荐结果。与此同时，个性化推荐系统还能够根据用户的实时反馈动态调整推荐策略，不断优化推荐质量和用户体验。

个性化推荐系统在共享住宿中的应用价值主要体现在三个方面：(1)它能够显著提升用户的决策效率。面对数量众多、鱼龙混杂的房源信息，用户往往难以快速找到心仪的住宿。个性化推荐系统能够根据用户的特定偏好，精准推送高度匹配的房源，大大缩短用户的选择时间，提升决策体验。(2)个性化推荐有助于提高供需匹配度，实现房源的精准分配。通过将用户和房源进行智能匹配，能够减少无效匹配和避免资源浪费，个性化推荐系统能够在提升用户满意度的同时，提高房源利用率和平台运营效率。(3)个性化推荐还是实现差异化运营、增强用户黏性的重要手段。通过向不同用户提供个性化、差异化的推荐服务，共享住宿平台能够更好地满足细分市场需求，培养用户忠诚度，从而在激烈的市场竞争中脱颖而出。

（二）智能价格调整策略

共享住宿的动态定价是一个复杂的系统工程，涉及诸多影响因素。首先，需要考虑住宿设施的位置、类型、质量等固有属性。位于热门旅游景点附近或交通枢纽的住宿，通常能够吸引更多的客户，价格也相对更高。其次，要综合分析市场供需关系的变化。在节假日、会展期间等用户需求旺盛的时段，适当提高价格能够最大化收益；而在淡季则需要采取促销策略，以价换量，提升出租率。再次，还要密切关注竞争对手的定价行为，根据自身特点和优劣势，及时调整价格，以维持市场竞争力。最后，突发事件也会对共享住宿的需求产生重大影响，如重大活动、自然灾害等，相关的定价策略也需要随之调整。

人工智能技术为共享住宿的动态定价提供了强大支撑。通过机器学习算法，可以从海量的历史交易数据、用户行为数据、外部环境数据中，提取关键特征，构建定价模型，实现对未来市场需求和价格走势的精准预测。例如，利用深度学习的神经网络模型，可以拟合出住宿价格与各类影响因素之间的复杂非线性关系，不断优化模型参数，提高预测的准确性。同时，强化学习算法能够模拟动态的市场环境，通过“试错”不断探索和改进定价策略，最终实现收益的最大化。此外，自然语言处理技术还可以对用户评价进行情感分析，了解用户对价格的接受度和满意度，为价格调整提供有益的参考。

(三)客户服务与体验提升

人工智能技术在共享住宿领域的应用正在不断深化，为客户服务和住宿体验的提升注入了新的活力。得益于大数据分析和机器学习算法的进步，个性化推荐系统能够根据用户的历史行为和偏好，精准匹配其需求，提供更加贴心和人性化的住宿选择。通过对海量数据的挖掘和分析，人工智能不仅能够预测用户的潜在需求，还能主动向其推送感兴趣的房源信息、周边游玩攻略等，大大简化了用户搜索和决策的过程。

与此同时，人工智能驱动的智能价格调整策略也为共享住宿平台的收益管理带来了新的思路。传统的定价模式往往依赖于经验和直觉，难以快速响应市场变化和用户需求。而基于机器学习的动态定价模型，能够实时分析市场供需状况、竞争对手策略等因素，自动调整房源价格，在保证入住率的同时最大化收益。这不仅为房东和平台创造了更多利润，也为消费者提供了更加实惠和透明的价格。

人工智能技术在客户服务领域的应用，更是大大提升了共享住宿的体验。智能客服机器人能够 7×24 小时在线解答用户问题，提供房源信息、预订指引、入住办理等服务。先进的自然语言处理和语义理解能力，使得机器人能够准确把握用户意图，提供精准、高效的解答。同时，机器人还能通过学习用户反馈不断优化服务策略，为用户提供更加个性化和人性化的服务。

此外，人工智能还为共享住宿的运营管理赋能。智能物联设备的广泛应用，如智能门锁、智能家电、智能安防系统等，使得房东能够远程控制房屋状态，实时掌握入住情况，降低管理成本。而基于计算机视觉和数据分析的智能监控系统，能够自动识别可疑行为，预防安全隐患，从而提高住宿的安全性和可靠性。

四、人工智能在共享资源管理中的应用

（一）资源优化配置

通过引入先进的AI算法，共享平台能够更加精准、高效地实现供需匹配，提升资源利用率。以共享单车为例，人工智能可以通过对历史使用数据的深度挖掘，准确预测不同时段、不同区域的用车需求，从而指导运营商合理调度单车投放。这不仅能够降低运营成本，缓解“单车扎堆”等资源错配问题，也能提升用户体验，减少因车辆短缺而产生的“叫车难”现象。

人工智能在资源优化配置中的价值还体现在动态定价机制的建立上。传统的共享经济模式往往采用固定的价格，难以适应市场需求的波动。而借助机器学习算法，共享平台可以根据实时供需状况、天气情况、节假日等因素，动态调整服务价格，在保证企业利润的同时最大化社会福利。这种灵活的定价策略不仅能够引导资源在时空上的优化配置，也能有效平抑需求高峰，缓解“一车难求”的现象。

此外，人工智能还能够助力共享资源的智能调度与分配。在共享办公领域，AI技术可以根据企业规模、办公偏好等因素，为用户自动匹配最合适的办公空间和座位。这种个性化的资源分配方式，能够显著提升空间利用效率，满足不同企业的多元化需求。同时，智能调度系统还可以优化办公设备的使用，根据预约情况合理安排会议室、打印机等共享资源，避免出现“资源闲置”和“一资难求”的极端现象。

（二）需求分析与市场预测

深度学习算法是人工智能在共享资源需求分析中的重要应用。通过对历史订单数据、用户画像、外部环境等多维度数据的挖掘和训练，深度学习模型能够准确捕捉用户需求的时空分布规律，预测不同时段、不同区域的资源需求量。这为共享平台的资源调度和库存管理提供了科学依据，有助于减少闲置的资源，提高利用效率。同时，深度学习还能够发现用户需求的隐性模式和趋势变化，为平台的策略优化和业务创新提供洞见。

在共享资源的市场预测方面，人工智能同样大有可为。传统的时间序列预测

模型如 ARIMA、指数平滑等，在面对共享经济的动态市场时往往捉襟见肘。而基于机器学习的预测方法，如支持向量机、随机森林等，能够从多源异构数据中学习市场演变的内在规律，对需求量、价格走势等关键指标进行更加准确的预估。这为共享平台的定价策略、市场推广等决策提供了有力支撑，降低了市场风险。值得一提的是，强化学习作为一种试错式学习范式，在动态市场中展现出独特的优势。通过不断与环境交互，强化学习智能体能够实时调整预测模型，以适应市场的瞬息万变，实现对需求波动的快速响应。

（三）故障预测与维修调度

共享资源的优化配置是提升资源利用效率的关键。传统的资源分配方式往往依赖于人工经验和主观判断，难以适应共享经济时代海量信息和复杂需求的挑战。人工智能技术则可以通过机器学习算法，在海量历史数据中挖掘用户需求特征，构建精准的需求预测模型。基于该模型，系统能够实时分析当前资源状态和用户需求，动态优化资源的空间布局和时间分配，最大限度地提高资源利用率。例如，在共享单车领域，人工智能可以根据车辆投放区域的人流量、使用频率等因素，智能调度单车，削减闲置车辆数量，提升单车周转效率。

共享资源的智能维护是保障服务质量的重要环节。在传统模式下，资源设备的维护检修主要依赖于人工定期巡检和被动报修，存在响应不及时、故障发现滞后等问题，严重影响了用户体验。应用人工智能技术则可以通过物联网设备实时采集设备运行数据，利用机器学习算法分析设备健康状态，提前预警潜在故障风险。一旦发现异常，系统可以第一时间触发智能调度，安排就近的运维人员前往排查，最大限度地减少故障带来的损失。同时，基于海量维修数据，人工智能还可以总结设备故障规律，形成预测性维修策略，有针对性地保养设备，延长使用寿命。

需求预测与市场分析是共享资源管理的另一重点。共享经济的核心在于供需匹配，而准确把握市场动向是实现精准匹配的前提。传统的需求分析往往滞后于市场变化，难以对新兴需求做出及时反应。借助人工智能，企业可以通过自然语言处理、情感计算等技术，实时分析舆情动向，挖掘用户偏好，洞察市场趋势。这些分析结果可以为资源采购、市场拓展等决策提供有力支撑。例如，共享充电宝企业可以根据商圈人流量、充电频次等数据，优化充电宝投放布局；共享办公企业则可以通过分析行业动态、企业需求等信息，及时调整办公空间的功能配置，更好地满足租户需求。

参考文献

[1]徐瑞萍，黄佳荫，周颖．人工智能与智能营销研究[M]．广州：中山大学出版社，2023．

[2]姚前．数字资产与数字金融[M]．北京：人民日报出版社，2019．

[3]蔡恒进，蔡天琪，耿嘉伟．人机智能融合的区块链系统[M]．武汉：华中科技大学出版社，2019．

[4]赵亚茹．数字经济建设与发展研究[M]．北京：中华工商联合出版社，2023．

[5]王延峰，于晓宇，史占中．赋能：人工智能与数字经济[M]．北京：高等教育出版社，2022．

[6]莫宏伟．人工智能通论[M]．北京：电子工业出版社，2022．

[7]刘权．区块链与人工智能：构建智能化数字经济世界[M]．北京：人民邮电出版社，2019．

[8]徐翔．数字经济时代：大数据与人工智能驱动新经济发展[M]．北京：人民出版社，2021．

[9]徐玉发．人工智能在经济领域的应用[M]．广州：华南理工大学出版社，2023．

[10]薛亚许．大数据与人工智能研究[M]．长春：吉林大学出版社，2023．

[11]胡宁玉，邸东泉．人工智能与区块链原理及应用研究[M]．天津：天津科学技术出版社，2022．

[12]赵学军，武岳，刘振晗．计算机技术与人工智能基础[M]．北京：北京邮电大学出版社，2020．